妈妈的自我修养

情绪稳定的妈妈 孩子一生的铠甲

张珊 ◎ 编著

人民邮电出版社
北京

图书在版编目（CIP）数据

妈妈的自我修养 ： 情绪稳定的妈妈　孩子一生的铠甲 / 张珊编著. -- 北京 ： 人民邮电出版社, 2025.
ISBN 978-7-115-66974-2

Ⅰ. G78

中国国家版本馆 CIP 数据核字第 2025HD2691 号

内 容 提 要

本书通过剖析妈妈在育儿过程中的常见困境与压力源，引导妈妈觉察并管理自己的情绪，培养平静而有力量的心态。书中还提供了具体的方法和技巧，帮助妈妈建立和谐的亲子关系，实现育儿与自我成长的并行。

本书适合所有正在育儿路上摸索的妈妈阅读，无论是新手妈妈还是经验丰富的妈妈，都能从中得到指导和启发。

◆ 编　　著　张　珊
责任编辑　陈　晨
责任印制　马振武
◆ 人民邮电出版社出版发行　　北京市丰台区成寿寺路 11 号
邮编　100164　　电子邮件　315@ptpress.com.cn
网址　https://www.ptpress.com.cn
北京鑫丰华彩印有限公司印刷
◆ 开本：880×1230　1/32
印张：5.25　　2025 年 7 月第 1 版
字数：152 千字　　2025 年 7 月北京第 1 次印刷

定价：45.00 元

读者服务热线：(010)81055296　印装质量热线：(010)81055316
反盗版热线：(010)81055315

前言

有这样一个故事：

南风与北风在天空中无聊，决定比一比谁更有力量。

它们看到一个路人，约定谁能脱掉路人身上的大衣，就算谁赢。北风率先行动，寒冷的北风呼啸而来，瞬间就把路人冻得瑟瑟发抖。路人为了抵御寒冷的北风，反而将大衣裹得紧紧的。北风加大气力，狂风肆虐，树木也被吹得哗哗作响，路人见状蹲下身子，蜷缩成一团，更加使劲地用大衣把自己裹紧。北风使出了浑身解数，也无法脱掉路人的大衣，只好气鼓鼓地退回来。

温暖的南风登场，它采取了截然不同的策略。南风轻柔地用暖风吹拂路人的脸庞，路人感到非常舒服。北风见状不解并嘲笑起来："你这样做，怎么可能脱掉他的大衣呢！"南风并不着急，而是继续用温暖的微风包裹路人，路人在南风的护送下轻盈地前行，感到越来越暖和，不由自主地解开了纽扣；路人继续前行，南风也不急不缓地送去暖风，路人越走越热，然后脱掉了大衣。

就这样，温柔和煦的南风战胜了急切凛冽的北风。南风并没有使用蛮力让路人屈服，而是给路人以温暖，不得不说，这是一种强大的力量！

类比到我们的家庭教育场景，这一招同样适用。例如，面对哭闹的孩子，一个崩溃暴怒的妈妈对孩子歇斯底里地咆哮、吼叫，从而“镇压”住孩子。这是妈妈情绪中爆发出的力量压制住了孩子，让孩子当下“听话”服从了。但这个愤怒的场景让人并不愉悦，想要逃离，甚至有可能在这位妈妈暴怒的表象之下，有着不知所措的慌乱和虚弱的无力。这里应该没有“妈妈战胜了孩子”的喜悦，只是因为力量的悬殊，大人赢了孩子，这并不是什么值得推崇的事情。这场爆发之后，妈妈还需担心孩子因此留下心理阴影，亲子关系在这次冲突中受到一些破坏；孩子也可能不敢再向妈妈流露情绪，转而发展出回避、撒谎、讨好等其他应对方式，增加更多养育中的隐患和麻烦。

同样面对哭闹的孩子，一个情绪平和稳定的妈妈表现出来的更多是沉着和包容。她可能温柔地抱起孩子，轻声安抚着孩子的情绪，让孩子感受到妈妈的温暖和接纳。当孩子的情绪稍微平复后，在妈妈轻声的问询中，孩子委屈地说出自己内心的想法，妈妈表示了理解，并进一步用孩子能听懂的语言解释自己的要求。这时双向的沟通就产生了，孩子在情绪被容纳之后，也能够听进去不同的声音，一个难题就这样被温柔地化解了！

两相对比，我们可以窥见平静这一应对方式的背后所蕴含的巨大能量，这不是强压怒火，维持表面的平和耐心；也不是隔绝感受和情绪，强行冷静，讲大道理说服对方；而是拥有强大的情绪容纳力，不会轻易被他人的情绪吞没、带跑，而且有空间包容、接纳对方的糟糕情绪，并灵活调整自己的应对方式，理性又不失温暖。我想，这样一种有力量的能力，不仅是我们应对亲子关系的助力，也是面对人生挑战的强大支持。

目录

第1章 作为母亲的挑战

第2章 觉察暴躁的情绪

第3章 培养有力量的平静

第4章 和谐亲子关系养成计划

第 1 章

作为母亲的挑战

育儿是母亲的一项长期挑战。“大家都是这么苦过来的”已经无法说服当代掌握更多资源和知识的妈妈们了。让我们一起深入了解如今育儿的困境，了解暴躁情绪的来源。

1.1 妈妈们的困惑

1.1.1 第一次当妈妈的焦虑

第一次当妈妈，我们总会感到一丝陌生和不确定，即使我们在生活中见过很多妈妈，也都有很多和妈妈相处的经历，但真正成为这一角色与作为旁观者仍是截然不同的。甚至很多已经生过孩子、做过妈妈的女性，在生育下一个孩子的时候，仍然会遇到新的挑战和麻烦。

首先，从孕育到生产，再到抚养和教育，每个阶段都充满了未知。这种对未来的不确定性让许多妈妈感到担忧和不安。确定感是安全感的重要来源，让人能够放心地规划未来、展开行动。我们需要确定感，需要对自身能力和所处环境有足够的把握，这让我们更有信心地面对生活中的挑战。

但育儿过程中总有我们意料之外的情况发生，这些意外混合着未知的前路，使育儿过程充满了变数，让人无法做好万全的准备，这使得妈妈感到焦虑和不安。

尤其是当各种育儿问题接连发生，让人应接不暇时，焦虑的情绪更是达到了顶峰。

其次，生育过程中的各个环节也都伴随着压力，生产时的身体创伤、生产后遗症、产后抑郁、哺乳压力以及睡眠不足等，每一个环节都会带来许多身心上的压力和挑战，每位妈妈或多或少都经历过。我们的身体在这个时期体验着疼痛与不适，我们的感受在这时也被来自自身和外部环境的各种刺激源冲击着，更容易敏感、焦虑，情绪波动，更难以承受压力和刺激。我们承受着新的压力和挑战，精神状态也会更紧绷，处在更易激的状态下，更加容易焦虑、紧张。

再有，社会压力和家庭压力也是不小的挑战。在我们较为脆弱、需要外界帮助时，不一定能时刻得到周围人的理解和支持；可能还会有一些刺耳、攻击的声音，诸如“每个女人都会生孩子，怎么就你这么多事”“你怎么没有考虑到孩子的这个问题呢？你得细心一点啊”，或者是一些传统陋习的延续、母职绑架的义务、性别刻板印象的规训等。这些对母亲抚养后代帮助不大、伤害却不小的声音，即使没有直接落在每一位妈妈的身上，也在无声地影响着整个社会的教养环境，影响着每一个人对养育这件事的态度。甚至一个孕妇未得到足够帮助的新闻事件也会加重女性对未来自身遭遇的担忧。

社会环境中对生育、养育的认知不足，往往也会造成误解和偏见的滋生、传播。比如我们逐渐认识到胎儿期的孩子也有一定的感官反应，但又不清楚这个时期胎儿能接触到何种程度的信息，接触到的信息又会对他的生长发育造成多大的影响。这时就会出现一些声音，说孕妇不能情绪激动，甚至不能哭、不能不开心，否则对孩子不好，日后孩子青春期叛逆都能追溯到“怀孕时妈妈哭了”。这对妈妈是多么严酷且无理的苛责啊！背负着这样高压的妈妈又怎能身心愉悦地度过漫长的孕育期呢？

当我们深入其中来感受每位妈妈所要经历的痛苦、挑战、压力时，我们就会理解妈妈为何焦虑，或者说，妈妈不得不焦虑。

1.1.2 伟大的母爱也是一种重担

我们已经习惯接受“母爱是伟大的”这一设定，与此相关的很多俗语都在表达类似的内涵。如女子本弱，为母则刚；我们歌颂“烛光里的妈妈”，深夜仍在为爱牺牲；等等。这当然是在认可母亲养育新生命的艰辛，了解生命孕育、生产和养育的人都不能否认妈妈在养育孩子中的努力和奉献。只是，在实际生活中，伟大的母爱有时也会成为一种禁锢和枷锁，成为妈妈们不可卸下的重担。

在《我本不该成为母亲》一书中，提到“母职绑架”这一概念。在成为妈妈之前，每个姑娘或者爱美，或者爱出游，也会怕累、怕疼、怕黑……但当她成为母亲，似乎她就变成了一个新的物种，要成为无私又伟大的“超人”。社会或家庭中的很多声音都在说：“都是为了孩子，忍一忍吧”“女人比男人细致，更适合照顾孩子”“哪有妈妈不爱孩子的”，也会生出很多无形的标准：妈妈应该包揽家务、应该做好香喷喷的饭菜、应该照顾好孩子、应该把心思更多地放在家庭中……

无论女性是否喜欢，但因为母爱的伟大，她都必须努力成为一个“伟大的母亲”。“母亲”这个角色也逐渐神化、超人化，妈妈似乎是一个战士，无所不能、随叫随到；是一个随时为爱牺牲的天使，充满爱和包容；是一个不怕疼、不怕累，一切只为孩子的喜怒哀乐存在的附属。

“妈妈辛苦地忙碌一整天，腰酸背痛、脚不沾地、心情麻木，但看到孩子的一个微笑就觉得一切都值了。”我并不否认的确有很多妈妈享受着这样的生活。但我们也要看到，这样的声音忽视了“母亲”这一角色背后的女性个体，她们的很多感受和权益没有被重视。

我们歌颂母爱的伟大，看到许许多多普通的母亲为这样一个身份，倾注了她们宝贵的青春和活力。但我们也要看到这些鲜活的女性个体拥有多样的色彩和形状，伟大的妈妈不该只有一种模样。

因为喂奶的剧痛而选择使用奶粉的妈妈，仍然可以在喂奶时和自己的宝宝有亲密的、独属于她们 / 他们的亲子时刻，而且因为不用再忍受喂奶的痛苦，妈妈可以更舒服地观察宝宝的表现，做出更适合孩子的喂养调整。

因为不想失去生育前的工作发展机会，而将孩子交由祖辈和爸爸帮忙照看的妈妈，也可以在休息日和宝宝亲密互动，承担一些照顾的责任，而不必被指责不顾孩子、自私等。而孩子也可能在长大后以“认真工作、努力上进的妈妈”为榜样，努力为自己的美好未来拼搏发展。

妈妈可以选择和闺蜜约饭，可以选择进行一场短期旅行，可以更多关注自己的三餐、睡眠和运动，给自己一些独处、休息的时间，允许自己不完美、允许自己不熟练、允许自己犯错，而不必一切都为孩子让步。没做到的部分，可能正是需要爸爸、家庭以及其他支持力量共同来承担的。

1.1.3 信息爆炸带来的育儿焦虑

随着互联网的快速发展，我们每天面对的信息量是十年前的数倍以上。大量信息不断被制造和传播，我们淹没在充沛的信息洪流中，被抢夺和占据着注意力。这种信息过载使得我们的时间和精力都被各种信息填满，甚至可能错过重要信息、机会和资源。这些压力不仅加重了心理负担，还会加剧焦虑和紧张情绪。

在育儿领域，互联网也不断传播着焦虑情绪。当我们接触到各种复杂的教育和心理学理论知识，以及各种关于育儿错误的警示时，内心也会自然而然地产生焦虑：我是否做得足够好？我会不会犯错影响到孩子？如果我的孩子在竞争中落后了，我该怎么办？这些疑虑会动摇我们的信心，使我们在教育孩子时，会花费更多精力去担忧和反思自己的过失，从而更容易受到焦虑情绪的影响。

不仅如此，我们通过社交媒体不断地看到其他家庭的成功案例和“别人家的孩子”，这种比较加剧了我们的自责和焦虑。我们担心自己的孩子错过关键的发展机会，希望他们成为被人称赞和羡慕的对象。此外，现代素质教育的高要求，不仅要求孩子学业优秀，还要求他们多才多艺、各方面均衡发展。这些高标准和高期望让许多家长深陷育儿焦虑之中。

育儿焦虑并非新现象，但它正变得让人越来越难以承受。我们在这个高效的时代，不断给自己和孩子施压，试图提升个人综合能力以适应社会。提升个人能力本身无错，但当超过个人承受能力和正常发展节奏时，可能会导致情绪崩溃、身体不适或行为偏差。

现代物质生活条件虽然优越，但有心理问题的孩子却越来越多。这提醒我们，作为家长在追求“完美育儿”和“精英教育”的同时，也需要保持自我觉察，时刻检视自己和孩子的现状。我们是否还留有放松、休闲的时间？因此，不妨偶尔停下来，与孩子一起享受生活中简单的快乐，如聊天、游戏或发呆，这些都可以帮助我们和孩子摆脱焦虑，回归生活的本真。

1.1.4 新型教育理念带来的挑战

少子化的趋势使家庭的风险承受能力相应降低，父母的关注和资源越发集中在一两个孩子身上。在这种情况下，家庭的希望就全部寄托在少数孩子身上，促使父母投入更多的关爱和资源，全力支持孩子的成长。然而，这也使得孩子承受了更大的成长压力。

教育投资意识的提升部分体现在家长愿意为孩子的教育支付昂贵的费用。从幼儿园到高等教育的各个阶段，再到各种课外兴趣班和技能学习，家庭不仅提供经济上的支持，还需要投入大量时间和精力。

生活水平的提高使父母更加注重孩子的物质生活质量。很多曾经经历过贫困的父母尤其不希望自己的孩子重蹈覆辙，他们会提供他们认为最好的教育资源和物质条件。比如，市场上母婴和儿童的产品及服务日益增多，父母在物质条件上的比较也越来越明显，这在无形中增加了家庭的消费压力。

新一代父母通过互联网接收到了很多新的育儿理念，由于他们在物质和精神上都不必为基本生活担忧，因此开始摒弃传统粗放的养育方法，转而追求更为细致周到的育儿方式，以适应时代变化和孩子成长的需求。

当前，许多家庭采取精细化育儿策略，把孩子放在家庭的中心位置，投入大量时间、精力和情感来满足孩子的各种需求，从科学育儿知识到健康儿童食品，再到智力开发的课程，家长们总是力求为孩子选择最好的。这种高标准的育儿方式无形中进一步推高了育儿的总成本。

2020 年中国妈妈育儿理念偏好

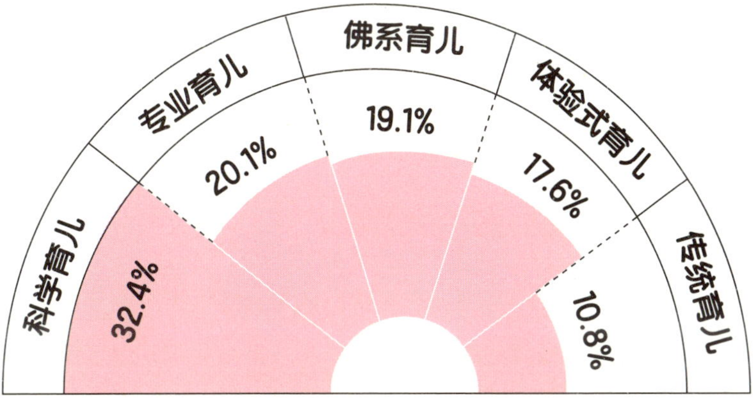

数据出处：《2020 年中国 95 后妈妈群体行为习惯洞察报告》。

《中国生育成本报告》（2024 版）的数据显示，全国家庭 0 ~ 17 岁孩子的养育成本平均为 53.8 万元，北京、上海则高达 100 万元。这些数据仅包括基础成本，不含意外或提升教育质量的额外开销。这样的经济压力对许多家庭而言的确是一大负担。

1.2 分析育儿常见压力源，助力妈妈减压

1.2.1 来自自身的压力源

1.2.1.1 隐形的压力源——完美主义

在育儿中，父母常因追求完美而给自己增添无形的压力。心理学研究表明，过分追求完美的完美主义常常会带来诸多负面影响。这种完美主义者常陷入对完美的执着和焦虑之中，即便能取得一定成就，也往往以巨大的个人损耗为代价。追求完美主义的父母总能发现生活和育儿中的不尽如人意之处，这无疑会为自己埋下巨大的压力源。

那么，完美主义者会有哪些表现呢？

▶ 过分关注细节

完美主义者容易在生活或学习的某些细节上花费大量的时间和精力。这样做，难免陷在细节中，反而无法顾全大局，因小失大。很多时候，过于追求完美反而在整体上陷入低效状态。

▶ 高标准

完美主义者的高标准是难以企及的，或者说是一种理想化的向往。他们不仅对自己要求苛刻，对身边人也会提出过高的要求，

或是给出不切实际的期望。在育儿中这一现象也较为常见。

▶ 难以满足

“追求完美”会驱使着完美主义者不断发现问题、瑕疵和可以改进的地方。完美主义者常处于“不满意”的状态，在生活满意度上体验较差；也很可能会出现竭尽全力后仍不满意，索性完全放弃的情况，反而得不偿失。

▶ 容错力差

完美主义者常常难以容忍错误，任何事情只要有一点瑕疵，他们就容易感到沮丧、自我怀疑，以致全盘否定。他们可能有这样的内心信念：要么不做，要做就做到最好。但现实常常不尽如人意，因此他们经常陷入沮丧和自我怀疑，也会处于较大的心理负压中。

▶ 对于“成就”的偏执

完美主义者似乎无法庆祝自己的成就，他们常会执着于更高的成就和更优秀的表现，仿佛承认现在的成就，就会止步不前。完美主义者需要不断完成新的、有价值的任务来证明自己的价值。

而在育儿这一领域，追求完美的妈妈尤其会感到压力，无论是在孩子的日常起居、教育活动还是亲子关系方面，过于追求完美都会带来更多的艰辛。如果你在这些方面有共鸣，也不需要惊慌，这表明我们已经找到了可以进行调整的方向。

1.2.1.2 过于追求“结果”而忽略了“过程”的美好

我们对待事情的价值取向通常分为过程导向和结果导向，这两者本应相辅相成。但在“唯结果论”的影响下，我们往往认为只有达到好的结果，整个过程才有意义。这种观念蔓延到各个生活领域，导致我们在学习、工作、任务管理，甚至日常生活中都可能陷入对结果的偏执评判。

让我们一起来看看下列情况：

- 辛苦几年学习、备战，就是为了最终这个考试；
- 生前何必久睡，死后自然长眠；
- 要结果，不要借口；
- 不为失败找借口，只为成功找方法；
- 为达目的，不择手段。

结果导向本是管理学中用于评估工作和项目的概念，强调以客观成果和目标实现为评价标准。与之相比，唯结果论更极端，仅以结果作为衡量一切的标准，认为只有好的结果才有价值，忽视了过程的重要性。在教育过程中，小到期末考试，大到中考、高考，也都仅仅是学习过程的一部分，从更宽广的视角看，这些考试都不过是人生旅程中的一段路程。唯结果论的偏执不仅压缩了享受过程的价值，还导致功利主义盛行，使我们失去欣赏美好生活瞬间的自由，困于成功与失败的焦虑中。

1.2.2 来自家庭的压力源

1.2.2.1 不当的教养方式

心理学中评定家长对孩子的教养方式，常从两个维度进行考量，分别是反应性和要求性。反应性是家长对孩子温柔接纳的程度以及对孩子需求的反应敏感程度；要求性是指家长对孩子能否建立适当的行为标准，并且坚持要求孩子达到标准。

四种教养方式

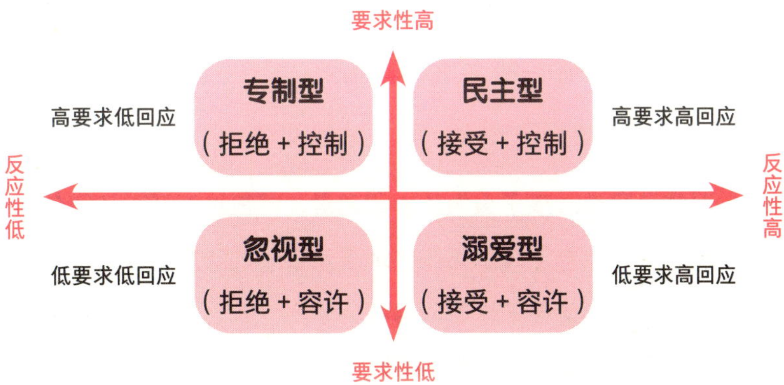

我们以这两个维度建立坐标系，由此分为四个象限，这四个象限也就代表着四种教养模式——民主型、专制型、忽视型和溺爱型。

民主型教养方式

这是一种理想的教养方式，家长在尊重和理解孩子的同时，提出合理的要求和适当的目标，有序地引导孩子的行为。这类家长既关心孩子，也会认真听取孩子的意见，但不会无条件地纵容孩子。在这种氛围下成长的孩子通常自信、自律，具有乐观的生活态度，能够建立健康的人际关系。

专制型教养方式

此种教养方式较为严厉，缺乏民主和互动。专制型家长通常要求孩子绝对服从，设立不切实际的高要求，并且很少给予孩子表扬和鼓励。这种教养方式可能导致孩子表面听话、表现优秀，但内心可能感到恐惧和焦虑，自尊心受损，长此以往，可能导致孩子叛逆或心理问题的产生。

溺爱型教养方式

溺爱型家长对孩子极为关心和宠爱，但往往忽视对孩子的基本要求和行为引导，几乎无条件地满足孩子的所有需求。在这种教养方式下成长的孩子往往以自我为中心，缺乏责任感和自控能力，依赖性强，难以独立应对挑战。

忽视型教养方式

忽视型家长对孩子缺乏必要的关爱和指导，既不提要求，也不约束孩子的行为，对孩子缺乏爱和期待的表达。这样的教养方式会使孩子感到被遗弃，难以建立信任和亲密关系，自控能力弱，产生心理问题的风险增加。

不同的教养方式会带来不一样的养育结果。有些家长可能在不合适的方向上努力过多，如溺爱或专制，这不仅不利于孩子的健康成长，也让家长在养育过程中遭遇很多阻力、埋下隐患，育儿过程也更加辛苦。

1.2.2.2 教育理念不一

家庭中的成员因成长背景、个性特点及教育态度的不同，教育理念本身就存在差异；加之当前市面上教育观念繁多且良莠不齐，进一步加剧了这种差异，导致他们在养育孩子的理念上难以统一，甚至相互冲突。比如，父母要为孩子树立规则和纪律意识的时候，祖辈可能偏向于宽松对待，甚至容易溺爱孩子。

这种教育理念不统一的情况容易引发家庭成员间的矛盾和冲突，直接影响到孩子的日常生活安排，包括学习、娱乐、个性品质培养及社交技能的发展等各方面，甚至影响到未来教育路径的规划。家庭中频繁出现的矛盾不仅会使孩子感到迷茫，还可能导致孩子形成讨好型人格，出现逆来顺受的模式。这种状态最终可能损害孩子的健康及自我发展，背离家庭成员对于教育的初衷。

1.2.2.3 任务分配不均

在传统社会中，家庭角色分工长期以“男主外，女主内”为主，使得女性成为家庭事务和育儿的主要承担者。尽管随着现代化进程的加速，越来越多的女性走出家门，参与社会劳动，但“家务和育儿属于女性”的观念依然根深蒂固。

许多女性在工作时承受着巨大的脑力和体力消耗，回家后依然需要处理大量的家务和育儿任务。第三次全国时间利用调查公报（第三号）的数据显示，国内女性每天在家务上的时间投入比男性多一个多小时。更有甚者，不少妈妈还经历着“丧偶式育儿”，几乎独自一人承担所有的家庭责任。

父亲角色在家庭责任中的缺位不仅加重了母亲的负担，也影响了家庭的整体结构和功能，导致家庭处于失序状态。当父亲角色未能发挥应有的作用时，母亲不得不超负荷运转，结果往往是母亲筋疲力尽、情绪焦虑。

1.2.3 来自学校的压力源

1.2.3.1 孩子成长的压力成为育儿压力的催化剂

落在孩子身上的升学压力，层层传导，最终还是成为家长肩头的沉重负担。

在这种升学压力下，很多孩子天不亮就要起床早读，天黑还在熬夜奋战，由此造成学生睡眠时间被学习时间挤占，睡眠时间普遍严重不足。青少年在大脑生长发育的时期不能保证充足睡眠，有损大脑发育和身体健康。面对这种情况，家长迫切需要找到调整作息、补充营养的办法。

再比如，孩子的所有精力都放在学习上，不会每天花时间做家务、搞卫生，大多由家长代劳。

此外，许多学校要求家长签字确认作业，确保其进行检查和监督；有些作业难度过大，需要家长协助完成。

尽管许多家长希望孩子健康快乐地成长，但在现实的压力面前，往往不由自主被卷入其中。

1.2.3.2 同辈的比较成为育儿的隐形负担

比较是不可避免的现象，是群体中的自然反应。通过比较，我们能够确认自己的行为是否符合常态和是否具有适应性，这有助于我们更好地了解自己，发现并弥补不足，从而指导未来的行为和发展。在一个健康的环境中，良性的比较和竞争可以推动我们与他人合作，不断提升自己的能力，从而成为更好的个体。

在学校环境中，学生不可避免地会在考试排名、优秀学生评选、奖学金竞争及班委选举等方面被比较、评定。这些比较和竞争本意在于激发学生的上进心，但由于教育资源的限制，学生、教师、学校和家长可能陷入过度竞争，将孩子的成就仅以分数、排名、荣誉来衡量。这种单一的评价标准会进一步加剧家长的焦虑。

1.2.4 来自社会的压力源

1.2.4.1 教育投资高，孩子快乐少

当前，教育对许多家庭来说都是个不小的负担。家长大都希望孩子能在激烈的应试竞争中脱颖而出，因此，不论是经济上的投入，还是家长陪读、辅导所耗费的精力，都远超以往。然而，好的教育资源是有限的，为了挤进重点高中、名牌大学，孩子们往往需要付出比上一代人多几千小时的学习时间。这种对分数和名次的追逐，使得家长、老师和学生都将大量的时间和金钱投入其中。孩子在繁重的学习压力下，很少有机会感受丰富的生活体验，也难以获得真正的成长快乐。

这种养育方式，无形中推高了教育的成本，增加了无效教育的投入。它不仅给许多家庭带来了经济压力，也对孩子的身心健康带来了一系列负面影响。

- 教育内卷造成的中小学生学业压力过重，学生近视问题越来越突出；
- 学生作业和校外补课时间过长，体育运动和户外活动时间不足，导致学生身体素质逐年下降；
- 学业时长较长、学业压力过大，使得学生总体睡眠时间不足，睡眠问题增多；

▶ 学业竞争压力大，还导致学生的学习兴趣锐减、自信心下降，抑郁、焦虑、强迫、适应不良等心理问题激增；

▶ 教育内卷加剧了家庭教育负担。《中国生育成本报告》（2024 版）引用中国家庭追踪调查的数据显示，6~17 岁儿童青少年的家庭中，育儿成本约占家庭收入的 50%，其中教育支出又占到育儿成本的 34%，平均花费数额在 18 万元到 43 万元不等。

这些额外产生的子女身心健康问题、经济压力问题最终仍需家长承担。因此，“鸡娃”的背后，是一个个焦虑和无奈的家长。

1.2.4.2 “卷”而为考，偏离教育的目标

绝大多数家长和孩子普遍认为学习主要是为了应试。这种观念往往会让家长忽视培养孩子的创新意识和自主学习能力，使得孩子在完成学业后难以顺利转型，难以成为适应社会多样化需求的劳动人才。

随着互联网和数字技术的迅猛发展，许多原本需要人工操作的任务正在减少。例如，大量知识现在可以通过网络搜索获得，复杂的计算和分析任务可以借助计算机和专业工具快速完成；人工智能工具能够进行全面的信息搜集和整理，有效替代一些低效和重复性的工作。

在现今的技术条件下，什么才是孩子最应该具备的能力？家

长应该更多地思考这个问题，并为孩子找到更高效的路径和发展方向。

1.2.4.3 家庭教育缺乏足够的指导

前面我们探讨过，目前市面上充斥着各种各样的教育理念，即使在一个家庭内部，不同成员之间也可能存在教育观念的差异，甚至相互冲突。这使得现代家长在教育孩子时面临更多的迷茫和困惑。

如今，很多家长获取家庭教育信息的主要渠道是互联网和大众媒体，然而，这些信息往往基于个人经验，缺乏科学性和系统性。面对如此多样的教育理念，家长们难以辨别哪些方法是科学有效的，更难以恰当地应用于亲子教育实践中。

更现实的问题在于，不同的家庭存在的教育困境各不相同。有的家庭缺乏良好的教育环境和健全的亲子关系，有的家庭存在代际冲突或亲子矛盾，还有的则缺少恰当的教育技巧。由于缺乏系统的家庭教育观念，家长常常难以清楚地判断自己究竟面临哪些困境，需要在哪些方面进行调整，以及如何改变自己的教养方式，以更好地支持孩子的成长。

在这样的情况下，只靠家长“自学”家庭教育知识，并独自解决问题，往往意味着高昂的时间、精力和金钱投入，效果也不尽如人意。与此同时，家长还会承受持续的心理压力，育儿焦虑也因此被不断放大。

1.3 情绪管理的重要性

1.3.1 我们能管理自己的暴躁情绪吗？

从前文我们了解到，家长，尤其是妈妈承受着如此多的压力，它们或来自社会，或来自学校，或者来自家庭和自身。背负着这些有形、无形压力的我们，是容易产生暴躁情绪的。但我们也知道发脾气、骂孩子时，孩子有多伤心，事后自己也会懊悔不已。

我们也想对我们的情绪进行管理。当我们发现自己时常在教育孩子、日常生活或工作中出现暴躁的情绪时，容易第一时间责怪自己：我怎么又心急了，怎么又冲孩子发脾气，我怎么又没有管好自己的脾气……或是痛下决心，下次一定要忍住，绝不再轻易发脾气……但遗憾的是，暴躁情绪是很难控制的，它似乎像个恶魔，潜伏在我们身后，一遇到可以爆发的时刻，就立刻跳出来操控我们——用愤怒的语气、夸张的表情，说出伤人的话，做出攻击行为。

我们误以为事后的“反省”和“立誓”可以帮助我们管理好自己的暴躁情绪，不再出现乱发脾气、气急败坏的情绪失控情况。但现实往往事与愿违，暴躁会一次又一次来袭。那么，我们该如何实现对情绪的管理和控制呢？

我们首先要了解暴躁愤怒情绪是如何在我们身体内产生的，这就要讲到情绪在大脑中的神经科学基础。

愤怒是人类对可能的破坏性刺激的自然反应。在大脑中，这种情绪反应涉及两条主要的神经通路。第一条是短通路，这条路径上大脑的理智活动参与较少，它主要依赖杏仁核——一个处理情绪反应的关键脑区。杏仁核直接对来自大脑的刺激信号做出判断，并快速传递至下丘脑，引发身体的即时反应。第二条是长通路，这条路径上，大脑皮层——人类理性思考和判断的中心——会在情绪反应前就参与处理。大脑皮层的介入可以在杏仁核做出反应前评估刺激信号，从而有机会通过认知过程调整由杏仁核和下丘脑引发的情绪反应。这种机制使得我们可以通过理性分析来调节情绪，为我们提供了控制和缓解愤怒的可能。

理解这些机制后，我们会意识到愤怒不仅是一种自然的生物反应，而且是可以通过意识调节来管理的。这种认识有助于我们更有效地处理愤怒，避免它对我们自身和他人产生不利影响。

我们可以通过一个例子来直观地感受。

现在，有一个毛茸茸、软糯糯的小狗用头蹭你的手，这个接触会给你的大脑带来刺激信号，你会本能地感觉到手上柔软的触感。看到可爱的小狗很喜欢你、信任你的样子，你的大脑开始分析：小狗看起来柔柔弱弱的、没有攻击性，小狗很喜欢你抚摸它，好像把你当成了它的妈妈或者主人，这一切都让你感到很舒服、很开心。你的情绪处理系统会通知你：现在很安全，你可以开心地享受其中。于是你就和小狗愉悦地享受着相伴的时刻。

而如果这是一只狂吠的大狗，把你家的很多东西都撕扯烂了，还到处乱拉乱尿，甚至还在你腿上咬了一口。这时，你感到腿上一阵阵疼痛，看到自己心爱的家具陈设被毁坏，听到恼人的吠叫声，闻到恶臭的排泄物味道……你接收到的很多信号都在告诉你，你的身体、居所都在被侵犯、被破坏。

于是，你的大脑会指挥你的身体开启战斗模式，心跳加速，血压上升，呼吸急促，肌肉紧张，你会感到血脉上涌，浑身充满愤怒的力量，你想要大吼震慑住狗，想要冲过去抓住它。这种情绪的急剧变化，在我们与孩子的相处中也经常发生。

进入长通路的情绪处理方式是什么样的呢？假设一位狗狗训练师遇到这个场景，他会怎样做呢？训练师在接收到糟糕的信号后，可能会先开启大脑皮层的理智分析模式，判断这只狗狗可能很久没出门，所以没忍住就在房间里撒尿了；可能因为没出去玩，所以在家撕咬家具来消耗精力；可能……经过这些判断，训练师理解了狗狗的行为，并判断这是狗狗需求未被满足的错误求助方式，而不会认为自己被侵犯、被伤害了，也就不需要通过愤怒来解决。训练师要做的就是逐步帮助狗狗得到满足，最终就会收获一只乖巧懂事的狗狗。

这与我们教育孩子有异曲同工之妙。这也是我们改善、管理愤怒情绪的关键所在——在接收到引起愤怒的信号与发出愤怒情绪之间，加入一个“暂停键”，给大脑理性判断留出时间，也就是大家常说的冷静一下。这是我们管理情绪的关键所在，后文将进一步展开。

1.3.2 暴躁情绪无法解决问题

我们都知道一些缓解愤怒的小技巧，如倒数十秒、换个环境，或默念“孩子是我生的”，以及“不生气，气出病来无人替”……然而，对于那些难以控制情绪的人来说，这些方法只有在事后才会想起，或在发火过程中，隐约意识到自己不应发火，但无法阻止愤怒的爆发。这导致了一种恶性循环：暴躁——自责——再次暴躁。

我们已经了解到，愤怒情绪是大脑对刺激的一种反应。理想的情绪管理方法是在感受到愤怒的初期立即“按下暂停键”，分析情况，并选择合适的反应方式。遗憾的是，愤怒往往来得迅猛，我们难以及时“暂停”。这种情况下，愤怒可能导致我们暴怒、吼叫甚至发生破坏行为，难以及时停止。情绪爆发后，通常伴随着身体和心理的伤害，以及对行为后果的悔恨和无力感。

愤怒是一种强大的内在能量，如果我们正确管理，就可以转化为自我保护的力量。因此，我们不需要消灭愤怒，而应学会合理利用，让理性大脑在关键时刻发挥作用，以更平和的方式应对挑战。

第 2 章

觉察暴躁的情绪

本章我们将着眼于亲子互动中那些容易让我们爆发暴躁情绪的因素，也就是那些启动大脑中愤怒情绪的刺激信号。让我们根据实际情况看一看引发妈妈暴躁情绪的场景，并探究这些情绪背后的深层原因。

2.1 情绪爆发时刻 1——节奏不对

2.1.1 时间紧迫，孩子却还在“磨叽”

时间十分紧张，但孩子动作还是慢吞吞的……好像很多孩子都有做事“磨蹭”的特点，我们也常因此而生气着急。让我们先别急着发火，来看看，他们在做什么。

场景 1：小轩是个有耐心、比较随和的 5 岁男孩儿，和其他经常调皮捣蛋的小男孩儿不同，小轩能静静地坐在桌前玩很久玩具，也不会每天上蹿下跳、玩得浑身泥沙。但小轩在生活中也是不紧不慢的。幼儿园老师经常和父母反映，小轩做事总比其他小朋友慢半拍。比如，小轩吃饭总是最后一个吃完；手工课小轩总是做不完，交不上作品。老师和家长有时候着急，催小轩，小轩也像没有接收到信号一样，依然慢悠悠，这让大人们有些头疼。

心理老师说

在人类历史长河中，不同的文化和哲学体系都试图对人的性格特质进行分类。例如，古希腊医生希波克拉底的“体液说”，虽然已经不再适用于现代医学，但它在一定程度上反映了人们对性格多样性的早期认识。现代心理学通过大量的实证研究，也提出了多种性格分类模型。例如，迈尔斯 - 布里格斯人格类型量表（MBTI）将人们的性格分为 16 种类型，而这些类型又可以大致归纳为几个更广泛的类别。基于这些研究，我们可以合理地认为，尽管每个人的性格都是独一无二的，但人们的行为和反应模式在一定程度上呈现出一些共同特征。

本书中，为了说明我们目前讨论的问题，我们结合这些理论，将行为模式大致分为四种类型：

不稳定 内倾型	不稳定 外倾型	稳定 内倾型	稳定 外倾型

其中稳定内倾型的典型表现是耐受性高，情绪稳定，注意力不易转移，外部动作少而缓慢。这类人天生具有抑制精神兴奋的特性，常常表现出稳重大气的姿态，考虑问题全面，性格比较安静、沉稳、克制。

让我们再回到案例，小轩整体的性格特点是沉稳安静的，生活中的很多事情都会慢悠悠地完成，并且从不受大人们急切情绪的干扰，因此，小轩天生的节奏可能就是缓慢的。如果家长没有意识到这一点，强行让小轩加速，可能会破坏孩子原有的性格，造成失衡，导致更棘手的情况。

场景 2：小西是个聪明机灵的孩子，但是她经常到深夜还无法完成作业。让我们来看看小西一晚上是如何度过的：初一的小西放学回家后，就立刻拿出作业规划起来，18:30—19:30 写数学作业，半个小时吃饭，20:00—21:00 写英语作业，21:00—22:00 写语文作业……计划非常完美，但在执行环节却事与愿违。小西写一会儿作业就注意到手指上起皮的倒刺，于是放下笔，抠一会儿手；再写一会儿，又感觉鼻子不舒服，拿出镜子一看发现起了个小痘痘，于是又抠了一会儿；坐累了起身去个厕所，路过电视前再驻足看一会儿；时间有点晚了，再抓点小零食，边写边吃……

“心理老师说”

小西每天学习到深夜，看似勤奋，实则她的专注时间有限，经常被其他事物打断。这种现象背后可能有多种原因。

首先，小西可能缺乏时间管理意识。她制订的学习计划看起来完美，但实际操作性不强，这是因为她对自己的学习效率和时间消耗缺乏准确评估，导致她难以有效利用时间。

其次，可能是注意力维持的问题。小西难以长时间专注于当前任务，容易被其他更具吸引力的活动分散注意力。

最后，可能是由于缺乏兴趣或不情愿的状态影响，当小西面对自己不感兴趣或不愿意进行的学习任务时，就像我们面对不喜欢的工作或食物一样，会有天然的抵触情绪。在这种勉强的状态下，她难以积极、高效地完成任务。

所以，当小西的父母理解了小西低效学习背后的原因，才能帮她找到提高学习效率和质量的方法。

2.1.2 说了多少次了，为什么还不改

一件简单的小事，反反复复和孩子说了很多遍，但孩子就是做不到或改不了，真让人生气！很多妈妈发现，孩子在犯错后听到大人的提醒、教育，当时会积极地认错、道歉，但往往下次又继续犯错。这让家长们十分烦躁和崩溃，难道孩子是故意的？或者就是改不了？让我们来看看下面的案例吧。

场景 3：小丫是一个 5 岁的小姑娘，活泼开朗，平时大大咧咧的，很喜欢和别人打闹玩耍。但让妈妈十分头疼的是，小丫在公众场合也是咋咋呼呼的，尤其是有些需要安静的地方，比如电梯里、地铁上……有时，在别人打电话时，妈妈提醒小丫保持安静，但没一会儿小丫又大笑起来。遇到这样的情况，妈妈又急又气，忍不住训斥小丫，小丫因为妈妈的批评又会委屈大哭……

“心理老师说”

很多家长希望活泼的孩子保持安静，这就像让安静的孩子去活跃气氛一样，都是让孩子去做不擅长、也不明白要如何做的事情。大人们没有意识到，看似简单的“保持安静”“热情招呼人”“懂礼貌”等指令，孩子并不理解其具体的含义，不知道怎样用实际的言行来实现。孩子没有听明白，自然也无法做到。因此对于天性开朗的小丫来说，妈妈需要讲得更具体一些：小声和妈妈说话，不要让第三个人听见。小丫就会思考：我要如何控制音量才能让妈妈听见，又不让别人听见？对于学龄前或小学低年级的孩子，家长需要帮助孩子将抽象的“要求”转化为可操作的“动作”，因为这时的孩子大多还处在“具体思维”阶段，无法处理或是正在学习处理抽象概念，需要家长有意识地将抽象的含义转化为孩子能够理解的具体操作。

场景 4：皮皮是一个非常机灵的 8 岁男孩，但他常常闯祸；不过，不论是让朋友哭泣，打破东西，还是撞倒物品，皮皮总能迅速意识到错误并主动道歉。每次妈妈问他是否能保证不再犯，皮皮总是信誓旦旦地答应，但往往还是重蹈覆辙。尽管妈妈总是提醒他要注意安全、做事要细心，但皮皮似乎总是难以把承诺转化为行动，一会儿就忘了警告，接着又犯错。这让妈妈感到非常烦躁，甚至怀疑皮皮是不是故意为之，让她陷入了是否应该严厉教训皮皮的困惑中。

“心理老师说”

对于思维发散、容易分心的孩子来说，每次认错可能都是真心的，但他们可能很快就被新事物吸引而忘记之前的“承诺”。如果孩子并非故意犯错，而我们简单地认为他是在故意气大人或捣蛋，通过训斥或打骂来让他记住教训，甚至给他贴上“坏孩子”的标签，可能会伤害到孩子。

孩子犯错往往是因为缺乏某些能力或环境不支持，而非故意为之，我们应探寻孩子犯错背后的真正原因。有些孩子可能认为不论是否能改正，先道歉可以减少父母的责怪；有些孩子可能不理解为何他们的行为被视为错误；还有些孩子可能已认识到错误，却不知如何改正。只有家长了解了这些原因，才能有针对性地采取措施，更有效地帮助孩子改正错误的行为。

2.1.3 挑挑拣拣，不好好吃饭

吃饭作为人最基本的摄入营养的方式，是生存的根本，却有很多孩子在吃饭这件事上让妈妈头疼。让我们来看一些案例。

场景 5：小淘每次吃饭都让一家人头疼。妈妈已经尝试了让他自己盛饭、提前商量好食谱、饭后不给零食等方法，但成效不大。每次吃饭小淘都挑挑拣拣的，一会儿嫌这个蔬菜味道奇怪，一会儿又觉得那个肉不好吃，总之一顿饭下来没吃几口。妈妈哄着劝着小淘，他还是吃得又少又单一，这就让妈妈又焦虑又暴躁，最后命令他必须吃完再下桌。

心理老师说

妈妈命令的做法可能很难让小淘积极地大口吃饭。妈妈的焦虑情绪弥漫在孩子每天的吃饭时间中，小淘在这种压力下是无法好好吃饭的。因此妈妈需要先处理自己的焦虑，再来分析小淘到底为什么挑食还吃得少。

或许小淘味觉敏感，妈妈认为很正常的味道对小淘来说却难以接受；或是咀嚼吞咽能力没有大人好，有些食物吃不下，所以吃东西会挑挑拣拣；也有可能小淘运动量不够，不是很饿，每次吃的量就少一些；还可能小淘并不喜欢妈妈的菜谱和烹饪方式，如果让他参与到买菜、做饭的过程中，或许能提高他吃饭的积极性。还有一种可能是小淘已经吃饱了，但妈妈希望他吃得更多、更丰富，如果是这种情况，或许需要调整的是妈妈自己的期待。

场景 6：小琳吃饭慢，不仅一小口一小块地吃，还习惯边玩边吃。这是因为她从小就被爷爷奶奶追着喂饭，吃几口，玩一会儿，养成了不良习惯。现在被妈妈接回家后，小琳每次吃饭都要拿着玩具，妈妈对此十分头疼，尤其担心即将上幼儿园的小琳无法跟上大家的吃饭节奏。然而，妈妈越催促，小琳反而吃得越慢，还常常哭闹。

心理老师说

小琳没有养成专心吃饭的习惯，是因为她习惯了在玩耍时被大人随机喂饭。这虽然让她吃得开心，但也让她缺乏自主进食和专注吃饭的能力。如果妈妈现在就急于让小琳自主高效地吃饭，就很容易引发冲突。

妈妈应先让小琳意识到吃饭需要专注，玩耍要在饭后，逐步帮助她延长专注吃饭的时间。同时，家庭成员之间应统一养育方式，让小琳遵循一套标准，更有利于她培养良好的生活习惯。

吃饭是孩子获取营养的关键，不健康的饮食习惯会影响身体和大脑的发育。因此，妈妈在看到孩子不好好吃饭时往往很着急。但如果因为心急而与孩子对立，反而会导致亲子冲突，无法让孩子感受到爱，也不能真正解决问题。

成因分析——想要孩子立刻响应

前面分析了孩子的各种表现和原因，这里我们来分析一下家长暴躁情绪产生的原因之一——孩子与家长的节奏不一致。从之前的案例中孩子的表现和家长的反应，我们不难看出，很多家长在这些场景下会产生暴躁的情绪，主要是内心希望孩子“要快”，但孩子无论是语言、行动、反应，还是事情完成度都没有达到家长“快”的标准，这就会让家长感到情绪上的落差，容易产生急躁或生气的情绪。

在当代社会，我们的生活节奏很快，妈妈本身的生活就非常忙碌，还需要挤出时间来安排孩子的事情，甚至要不时地停下自己的事情去督促孩子。如果一次次看不到进展，或者发现孩子走神、拖延，已经承受很多时间压力的她们，坏情绪一下子就被点燃了。

细究起来，很多时候，家长生气的点在于：我的话说完了，孩子为什么不回应我一声？我都说半天了，孩子为什么一动不动？就做这么一件事，怎么动作这么慢？时间已经过去很久了，这件事还没做完，下一件事怎么办？

那么，假如我们希望孩子快点完成某一件事，我们究竟希望孩子怎样做呢？

希望孩子反应迅速

当我们因为这个点生气时，我们没有被满足的期待是：

我希望说完的几秒内，我的孩子就告诉我，他听到了；

我希望在规定的时间内，孩子把该做的事情做完了；

我希望我提出的计划、安排，孩子立刻就接受并且去实施了。

希望孩子做事时间短

当我们因为这个点生气时，我们没有被满足的期待是：

我希望孩子可以动作熟练、迅速地完成这件事；

我希望孩子整体完成这件事的时间要短；

我希望孩子在某个时间点之前完成事情。

希望孩子不要反复出现一样的问题

当我们因为这个点生气时，我们没有被满足的期待是：

我希望孩子在做事中间不要有太多中断或反复；

我希望孩子可以更明确地知道如何做正确的事；

我希望孩子往前走，不要反复出现同样的问题甚至倒退。

急躁情绪的背后，原来是我们有这么多的想法、期待、愿望没有被满足，但我们把焦躁的情绪传递给孩子就能解决问题吗？显然不是。这些期待，有些是我们理想化的幻想，有些是对孩子美好的期许，但这些可能都与当下的现实有一定的距离。在我们努力想要缩小这段距离、想要帮助孩子更好地成长之前，我们需要区分两个重要概念：

理想与现实

大多数期盼孩子到来、尽心哺育自己孩子的妈妈，在呵护孩子的同时，也会对孩子有深切的期许，比如希望孩子能有无忧无虑的幸福生活，希望他长大能有热爱的事业，能有伟大的目标和成就，希望他健康快乐，希望他拥有丰富宽广的人生体验……这些愿望很美好，可以说是我们培养孩子的理想和长远目标。但当这个孩子来到这个世界时，他只是一个嗷嗷待哺的婴儿。无论是

我想要的孩子

聪明、勇敢、诚实，集所有优点于一身，这可以是长远目标，也可能并不存在。

现实中的孩子

有各种小毛病、小脾气、小问题，这个才是我的真实的孩子。

基本生活能力，还是为了适应社会生活、学习各种知识的能力，孩子都是从零开始的。

随着孩子的成长，我们会越来越意识到我的孩子长大了，他拥有了更多的能力，他开始有了自己的认识和想法，他有了和我不同的感受、想法和期望，他成了一个与我的期望有所不同的孩子。

我们往往会在和孩子发生矛盾、争吵的时候，才深刻意识到孩子所想和我们所想是不同的，甚至我们可能并不了解、不理解孩子的想法，这时，就是一个“理想与现实”碰撞的时刻。我们当然可以有很多美好的想象、期望和愿望，这只是我们内心深切渴望的，但我们也要意识到，这只是我们的想法，是只存在于我们的头脑中的一个抽象信息。这些想法能否实现是不确定的，需要足够齐全的构成要素与条件的配合。

其中首要的条件就是对“当前事实”的准确认识。这就好比建造楼房需要勘测地基，如果地面不具备建造条件，我们又忽视这一现实情况，那就无法成功建造出楼房；即使我们格外努力地建造出了一栋楼房，这栋楼房的安全系数也要打个问号。教育孩子亦是如此。

如果我们没有准确了解孩子的现实情况，就贸然规划孩子的未来，如同建造一栋危楼，会漏洞百出，孩子可能会因为无法做到、感到不舒服而表现出反抗行为，这其实就是信号。所以，为孩子做规划之前，我们需要先观察孩子的行为表现，询问孩子的内心想法，了解足够充分的现实信息后，再来进行下一步的规划。

理解了这一点，请你回顾曾经与孩子发生冲突的一些瞬间。你可以闭上眼睛，回想一个最近的冲突事件，可能在餐桌上，可能在校园里，可能在马路边……回想一下当时你内心的期望是什么。在这个过程中，我们可以体会到，自己希望实现的那种情形，是自己头脑中一种抽象的想法，而并非孩子的实际表现。当我们睁开眼睛，看一下孩子的真实表现时，我们可能就会感受到自己的想象和孩子的实际情况之间的距离。这段距离需要家长运用生活智慧、耐心和爱，以及一定的心理学和教育学的专业知识和技术，逐步帮助孩子缩小，通过一个个微小的变化来实现或靠近我们设立的目标。

2.2 情绪爆发时刻 2——不达标准

2.2.1 没有人能逃过辅导作业

给孩子辅导作业的痛苦经历可谓屡见不鲜。在网络上和我们身边学龄期孩子的家庭中，很多家长因为辅导孩子作业而生气、吵架、暴怒、喊叫，这种现象甚至在网络上催生出了一个名词——“恐辅症”。让我们来看两个常见的案例。

场景 7：小吉是个乖巧的 8 岁孩子，生活中很少让妈妈操心。但二年级下学期后，小吉在测验平时的作业中陆续出现一些问题，老师提醒妈妈多加关注。妈妈担心小吉基础打不好，今后的学习跟不上，就开始每天辅导其写作业。没想到，小吉写作业速度慢、错误多。妈妈眼看着小吉犯了错误，提醒几遍，小吉也检查不出来；讲解之后，换个题目，小吉还会出错。父母轮番上阵讲解，小吉却总是一副茫然的表情。次数多了，妈妈忍不住开始发脾气，但一看小吉那张小心认真的脸，又有些自责。可是反复讲这么多遍，怎么他就是不懂呢？

心理老师说

孩子的认知发展有其自身的规律，孩子之间也存在个体差异。

有时候孩子今天还什么都不明白，过两天就领悟了；也可能有些孩子一学就懂，但有些孩子学东西会慢些。指出这一点，不是让各位家长放弃教育，而是希望减轻家长内在的焦虑情绪，不要过于关注孩子“又没学会”“又出错”等情况，避免陷入糟糕的情绪和悲观的预期中，而无法专注解决当下的学习难题。

探究孩子题目不会、易错的原因，是家长可以努力的方向。即使是一个在家长看来再简单不过的题目，孩子也可能出于理解偏差、知识点混淆、练习不足等原因，犯下很多家长难以理解和接受的错误。如果家长能找准关键原因再进行辅导，会比盲目的焦躁更能提升效率，也能减轻一些失望和愤怒。

场景 8：小武今年升入四年级，课业任务开始加重。在操场上叱咤风云的他，在课桌前却有些力不从心。他的作业问题很多，老师要求家长进行监督。没想到这一监督，父母竟气得大吵起来。一开始，父母还心平气和，没想到小武没几分钟就要去厕所、吃东西、洗手、找东西……而作业却是错误频出，涂抹得很脏乱，把父母都气得不轻。妈妈没想到小武的学习态度和学习习惯这么糟糕，又气又急，连着辅导了几天，原本良好的亲子关系几乎降到了冰点……

“心理老师说”

妈妈在辅导小武完成作业的过程中遇到了很多困难，屡次受挫让她十分崩溃；她对小武的期望落空也加重了急躁的情绪。让我们回顾孩子的表现：小武擅长体育，各项体育活动游刃有余，说明小武能够做好自己喜欢的事情；但面对作业，小武各种拖拉、糊弄的表现，其根源可能是小武没有学习兴趣，或遇到了困难。因此，妈妈爸爸各种看似在帮助小武学习的举措，对于小武来说可能就是压力，是他要想办法摆脱的。

因此，小武妈妈首先需要调整自己过于焦虑和急躁的情绪，并探究小武内心对学习的态度。如果小武确实感觉不到学习的意义和乐趣，妈妈应该着手帮助他重建对学习的理解和动力。可能小武仍会有一段时间作业完成度差，但当小武自主学习的动力被激发出来后，他就可以进行自我管理了。这也是我们常说的“把学习的责任还给孩子”。

2.2.2 为什么连这种小事都做不好

孩子在成长中犯错是正常的，但有时，妈妈也会发出感慨：这么简单的小事怎么还做不好呢？我们来看看下面两个案例。

场景 9：丢三落四的瑞瑞

“瑞瑞妈妈，请第三节课前把瑞瑞的英语作业本送来，上课要用。”看到这条信息，瑞瑞妈妈瞬间就崩溃了。

这已经是本月第三次，老师让瑞瑞家长送忘带的东西了。第一次是笔袋，第二次是跳绳。瑞瑞妈妈十分无奈。

消息是在家长群里发的，每个家长都能看见。瑞瑞妈妈又气又觉得丢脸。“昨晚才让瑞瑞好好检查一下明天要用的东西，瑞瑞还信誓旦旦地说检查好了。已经上三年级了，难道还要我每天帮她一起整理书包吗？这孩子总是丢三落四！”瑞瑞妈妈说着情绪就激动起来了。

生活中瑞瑞也经常丢三落四，不是又弄丢了笔，就是找不到书，连校服也丢过一次。之前瑞瑞妈妈经过提醒开始反思，认为自己自瑞瑞幼时起对她的大小事项包办太多了，于是从瑞瑞三年级开始放手让她自己负责自己的事情，如整理书包，没想到情况这么糟糕。“我是不是不该让她自己来？我要继续帮她吗？”瑞瑞妈妈又陷入了沉思。

心理老师说

孩子丢三落四是很常见的一类问题，虽然看起来孩子们的表现相似，但深究其原因却各不相同。有可能是孩子没有意识到这件事情的重要性；有可能是孩子缺乏提前规划的能力；有可能是孩子经常被其他事情吸引注意力，没有认真完成当下的事情；还有可能是孩子容易紧张或激动，无法很好地专注其中……案例中瑞瑞的情况，妈妈提到是因为以前家长包办太多，又突然放手让瑞瑞自己去做，导致瑞瑞的能力无法适应当前的要求。

妈妈的困惑是：难道我再像以前一样管瑞瑞的事吗？瑞瑞妈妈需要意识到，在包办和不管之间，还有很多不同程度的管理。妈妈把收拾整理书包的任务归还给瑞瑞是没问题的，但她也需要循序渐进地给孩子一个适应的时间，根据孩子的实际情况，做到定时提醒、协助检查、表现好时及时鼓励等。此外，让瑞瑞适当地承担丢三落四的后果也是很重要的，否则瑞瑞可能会觉得：没关系，反正妈妈都会帮我的。这样，妈妈可能就一直要为瑞瑞的丢三落四兜底。

场景 10：小华是一个 14 岁的孩子，他在日常生活中经常表现出对小事的不负责任和马虎的态度，如忘记关灯、乱放书本、做事拖沓等。这让小华的父母感到非常焦虑，担心这样的习惯会影响他未来的生活和工作。有一天，小华的爸爸发现他又忘记关灯，这件事他不知道和小华说了多少次，离开房间要顺手把灯关了，小华怎么就记不住呢？爸爸又费解又生气，忍不住批评了小华。

爸爸（生气地说）：“小华，你又忘记关灯了！这是这个月的第三次了！你怎么总是这么马虎？”

小华（无所谓地）：“哎呀，没什么大不了的，不就是忘记关灯嘛。”

爸爸（试图保持冷静）：“这不仅仅是忘记关灯的问题，而是你对待事情的态度问题。你做很多事情都不认真，不注意细节！”

小华（开始有些不耐烦）：“我知道了，别再唠叨了，我会注意的。”

爸爸（感到无奈）：“我希望你能认真对待每一件小事，养成好的习惯。

小华嘴上答应着，但神情却并不在意，依然我行我素。爸爸感到既无奈又生气，不知道该如何纠正孩子的这种态度。

心理老师说

小华明显不理解爸爸为什么因为没关灯这件小事唠叨，爸爸也不理解小华怎么连这么简单的小事都做不好，父子俩看似在沟通，可实际上并没有促进理解，也没有达成共识。可以想见，小华一定还会出现忘记关灯的情况，爸爸也依然会感到既生气又无奈，甚至还可能因为这件小事多次产生争执和冲突。

如果他们二人中，有一个人能有意识地询问对方行为的原因，可能这个僵局就有了突破口。小华可能会了解到爸爸小时候生活不富裕，于是养成了勤俭节约的习惯，见不得浪费；爸爸也可能会明白小华喜欢亮堂，并且知道自己离开房间并不会很久，一会儿又要开灯很麻烦。在充分了解对方的想法后再沟通，父子俩就可能会侧重于达成共识，而不是像现在这样相互评判和嫌弃对方。

2.2.3 抱着手机不撒手

现在的孩子们从小就接触手机、平板电脑、电话手表等各类电子产品，这些的确便利了我们的生活，让孩子们接触到更多知识和信息，同时也导致了孩子沉迷于短视频、游戏和聊天的问题。我们一起来看两个案例。

场景 11：芸儿初三的暑假玩得格外开心，除了出去旅游，每天就是自由地刷手机视频、玩游戏、聊天。一开始芸儿还按时吃饭睡觉，偶尔看看书，参加课外班。没过多久，芸儿的作息时间就变得混乱了，开始熬夜玩手机，白天补觉，课外班也请假不去了，每天抱着手机不撒手。

芸儿暑假期间父母都在上班，妈妈察觉到女儿状态不对，但也没法天天监管，只能不时地打电话提醒。但是芸儿沉迷在手机里无法自控，浑浑噩噩，整个人都十分萎靡，父母格外担心。凌晨看到女儿的房间还有微弱的光亮，妈妈就知道女儿又在熬夜玩手机，一下子就气急了，推门冲进去。

妈妈（愤怒且严厉）：“几点了还不睡！你看看你最近的作息！”

芸儿（有些紧张）：“知道了，我这就睡。”

妈妈（语气放缓，试图引导）：“你虽然毕业了，但学业还是不能放松。而且长时间玩手机对眼睛也不好，天天这么熬夜……”

芸儿（有些不耐烦）：“我知道了！你别一直说了。”

妈妈（生气）：“你自己的身体不知道珍惜，还要我操心！”

芸儿（也生气了）：“不用你操心！你别管！”

芸儿本来很愧疚，但妈妈爆发的情绪也让她很受伤。于是两人大吵一架，不欢而散。

心理老师说

芸儿沉迷手机、作息颠倒，芸儿妈妈十分担心孩子的身心健康，她进行多次提醒，却没有改善，这么晚再看到女儿还在玩手机时，积压的情绪就爆发出来了。或许妈妈流露出担忧和不满的情绪是有助于芸儿改善情况的，但彼此情绪激动地大吵一架，说了过头、伤人的话，却只会损害亲情，没有解决根源问题。

芸儿这次假期已经放松过度了，缺乏规律的生活安排，在持续玩手机的过程中逐渐沉迷其中。可以看到，芸儿自己也是焦虑和担忧的。但芸儿一方面没有能力自控，无法有意识地暂停或完全停止玩手机，另一方面还在对抗父母的关心，妈妈的提醒并没有起到有效的帮助作用，反而让芸儿产生了逆反心理。

这时，外部的管理力量不一定能起到持续有效的效果，而引导芸儿学会经常性地关注自我身心状态，才是有助于她停止沉迷手机的关键。尊重边界的提醒能够唤起芸儿的自省，而超过边界的“关心”、生气，更容易激起孩子的反抗来自我保护，反而不利于解决问题。

场景 12：15 岁的小林最近开始沉迷于网络游戏。之前他学习成绩优异，性格开朗，也会偶尔和同学玩游戏放松一下。这次的考试，小林的成绩下降了很多，父母认为这是他玩游戏分了心导致的，于是双方发生争吵。

爸爸（语重心长）：“最近收收心吧，别玩游戏了，成绩都下滑了。”

小林（有点不耐烦）：“爸，我这次考试没考好不是因为玩游戏。”

爸爸（语调升高）："那是因为什么！你玩游戏把心玩野了，还怎么专心学习啊！"

小林（有点生气）："我又不是天天玩，我在学校上了 5 天课，回家玩玩游戏怎么了？"说完就摔门回自己的房间了。

你不让我玩，我偏玩！小林心想。父子冷战的这段时间里，小林逐渐开始放纵，本来可以控制玩游戏时间的他，慢慢变得离不开手机，沉迷于网络游戏世界里，又和父母发生过几次激烈的争吵。

因不分昼夜玩游戏，小林的睡眠受到严重影响，上课无法集中精神。后来，他对手机形成了心理依赖，不能玩手机的时候情绪低落、不愿与人沟通，还常常失眠。这使得一家三口都着急了，主动向心理咨询师求助。

心理老师说

小林和爸爸对待这件事的态度都很急躁，爸爸急于给小林的成绩滑坡下定论，小林也急于用游戏来宣泄负面情绪，双方的不理解和不谅解，使得误会升级。原本成绩优异的小林也逐渐沉迷于游戏，成瘾后，小林的日常生活秩序都受到了破坏，这也是父母最担心的。

孩子需要娱乐和休闲的时间，一刀切地阻止孩子玩游戏、接触电子产品并不是有效的管理手段，还可能让孩子产生逆反心理；同时粗暴的管理也容易引起冲突，破坏亲子关系。当亲子关系中产生了隔阂、难以顺畅沟通时，更可能将孩子推向网络和游戏，更加难以自拔。

虽然游戏中有防沉迷系统这些辅助，家长还是要不时地了解孩子玩游戏的现状，了解孩子的想法和态度很重要。家长也可以创造丰富的日常生活活动，让孩子意识到电子游戏只是一种娱乐形式，在其他游戏形式中也可以体验到刺激和快乐，生活的其他内容也很重要。

成因分析——想要孩子符合“好”的标准

通过前面这几个家庭争吵的常见案例，我们对孩子的想法、表面的问题行为及其背后的内在心理动力有了更深的了解。家长在多次面对孩子“做不好”的情况时，难免会出现急躁、生气的情绪，因此也会出现较为暴躁的管理方式，如要求孩子努力做好、批评孩子做不好等，还有利用孩子的愧疚、恐惧等感受来“逼”孩子达到一定表现的手段。这些举措的背后，可能有一个共同的内在信念——要好，也就是向好的标准看齐，要出色地完成任务，达到优秀、完美。

这也十分符合成人成才的价值取向。然而，任何事物都是存在变化的，追求优秀、努力想要摒弃掉坏的一面没有错，但不允许正常的反复和波动，往往是造成孩子痛苦、家长期望落空的根源之一。

如果我们希望真正改善情况，帮助孩子良性成长，而非揠苗助长，我们需要先分辨哪些想法是合理的，而哪些想法是不现实的。父母很多时候希望孩子表现优秀，背后可能的期待和渴望有以下几种。

▶ 希望孩子做事出色、优秀，符合好的标准。

对孩子有高标准的期待，希望孩子全面发展；

希望孩子在学业、才艺、生活各个方面都表现优异；

希望孩子符合“好孩子”“好学生”“人生赢家”的标准。

▶ 希望事情进展顺利，持续向好。

希望孩子轻松地成功，越少经历坎坷越好；

孩子渴望成功，希望孩子赢在起跑线、实现成功；

不能接受孩子失败、气馁、退步。

▶ 希望孩子认真对待每一件事，不敷衍应付。

担忧孩子的未来，希望孩子每一步都在努力向上；

担心孩子玩物丧志；

怕孩子贪图享乐，一事无成。

对照以上观点，你是否看到了自己的影子呢？

探究这些想法，并不是要评判是非对错，因为每个人都有不同的价值取向。有些观点你十分认同，也就存在你不认同的观点。或许你的孩子所喜欢和正在探索的，就是你不认同的，但我们并不需要急于消灭或转变这些想法。

正如上一节我们探讨过的“想法和事实”的区别，头脑中拥有的观念和想法，与想法已经实现、成为现实是不同的；看到并承认这些想法的存在，与认同想法、允许想法成为现实也是不同的。

但是，看到这些想法很重要。有时我们头脑中的想法，已经无数次地想要涌现出来、被你看见，但都被你忽视了，甚至你因为恐惧担忧，会刻意回避这些念头；但它们不会消失，只会被压抑在内心深处。积压得过多，我们的情绪就会像火药桶一样，一点就炸。这也是为什么我们情绪爆发过后，回想当时的导火索，会感觉莫名其妙，甚至有点好笑：我怎么因为这点小事就气成这样？

引起情绪的事件和由此产生的情绪并不对等，那些多出来的、莫名其妙的情绪，很可能就是之前被你忽视、积压的情绪。如果我们总能够对自己的想法和情绪有回应，那些引起我们不满的情绪每次都能被看见和疏解，我们也就不必总是处在高压和焦躁的状态中，也就不会再被一根稻草而压垮。

因此，我们可以时不时地尝试理解自己情绪波动背后的需求。如果你没有尝试和体验过，一开始确实很难。不要勉强自己做不舒服的事情，如果不舒服，可以随时停下来先不去想。如果在这个过程中，你感到难过、悲伤、愤怒、担忧，也是正常的，可以找信任的亲朋倾诉，也可以寻求专业心理咨询师的帮助。

区分要点——自我与孩子

当你已经可以不时地觉察到自己的需求和渴望时，就可以进一步来进行客体间的区分。“我”和孩子是两个人，两个不同的客体，因此当“我”对孩子有要求和期待时，是一个客体在将自己的想法施加给另一个客体。如果我们尊重孩子，就会允许孩子与我们有不一样的需求和想法，同时也允许孩子拒绝我们的想法。

当然，会有很多家长说，孩子是我生的、我养的，怎么我还不能提要求了？还有家长说，小孩子什么都不懂，我得教给孩子啊！我们并不否认家长在这其中的努力，在养育孩子的过程中，需要考虑方方面面的事情，家长已经十分辛苦了。如果读到这里的家长感到调整观念很痛苦，我也建议这些家长不要勉强自己，先做自己能做到的程度就好。如果有余力，就可以在状态还不错的时候，或是孩子提出不满和抗议时，又或是孩子渴望被理解、被倾听时，思考一下“我”与孩子的想法有哪些不同。

孩子作为未成年人，很多时候是需要大人的保护和帮助的，因为他们生活经验有限，掌握的知识和技能不足，大脑也正处在发育中，许多家长熟悉的动作、逻辑思维等能力，孩子可能还不具备。而家长经过多年的积累和学习，已经形成了自己的一套标准和习惯。尤其是当家长看到孩子明显犯了错误、走了弯路时，就非常希望能提醒孩子，帮孩子规避风险。但这里可能存在两个问题：一是家长这些有经验的、好意的标准和习惯，对于孩子来说可能并不适用。我们基于自己的经验和过往的场景得出的处事方式，可能更适合我们自己的习惯，或以往的环境背景，不一定孩子也有能力实现，也不一定还适用于当前的环境。二是孩子需要一定的试错和弯路，来获得这些感悟，如“原来磨叽地写作业真的很累，也玩不好，下次我还是得抓紧时间写”，或是“沉迷游戏后身心俱疲，状态很糟糕，下次不这样了”，又或是“努力学习考好成绩很有成就感啊”。这些孩子自主体验后的感悟，与家长在孩子没尝试时就不断灌输的观点相比，还是前者印象更深刻、效果更好，也更能推动孩子真实能力的提升。

2.3 情绪爆发时刻 3——偏离方向

2.3.1 订好计划，孩子却总是节外生枝

孩子犯错是难免的，有自己的小想法也很正常，但有的情况会让家长格外生气和暴躁。例如，家长已经安排好的计划，孩子却不能好好遵守，总是生出额外的麻烦，这不是添乱吗？让我们一起来看两个让家长上火的案例。

场景 13：安安是去年从老家被接回到父母身边的，爸爸怕安安跟不上学校节奏，让安安重读三年级，但安安适应得并不好。老师反馈安安上课喜欢小声说话，不专心听讲；在家里，妈妈也察觉到很多问题：安安会随意打断别人说话、岔开话题；反复提醒她收纳、吃饭的规矩、卫生习惯等规则，她都做不到。妈妈一方面觉得把安安送回老家，对孩子有亏欠，另一方面又非常头疼安安的种种表现，每次都要发脾气，但过后又后悔。安安看起来大大咧咧的，老师、家长批评她，她就像没听见一样，不反驳，也不改变。

妈妈带安安来到咨询室，心理咨询师带安安玩起了沙盘游戏。安安摆放了农村小院，里面种满了庄稼，养着鸡鸭猪羊等动物，还有一个荡秋千的小女孩。咨询师问安安：这是

你喜欢的生活吗？安安点头。那现在的生活呢？安安不语。咨询师又问，你喜欢农村生活的什么呢？安安说：自由。

心理老师说

通过案例我们可以看到，在老师和妈妈的眼中，安安就是一个不按规则和计划行动的孩子，反复强调多次的规则仍然不能遵守，其他同学、孩子能做到的，安安却做不到，而且好像是故意不做。安安这些表现让大人感到无能为力和烦躁，于是老师和家长会越来越缺乏耐心，用命令、指责等态度要求安安遵守规则。但心理咨询师深入探究安安内心的想法，给安安足够长的时间、足够尊重的空间慢慢表达，家长才了解到安安渴望自由舒展的生活，而不是规则繁重的、循规蹈矩的环境。或许安安在农村生活中也可以遵守很多自然的规则，比如日出而作、日落而息、春种秋收等。因此，安安并非没有能力遵守新环境的规则，更可能是没有足够的动力和意愿，这也不能简单理解为故意为之，可能安安自己也没有意识到她不想改变。这就需要成年人帮助她探索内心的想法，帮助她理解和适应环境。

场景 14：扣扣是一个喜欢探索的孩子，平时有很多奇思妙想，喜欢尝试新鲜事物，从小扣扣妈妈就陪伴孩子在大自然中进行了很多探索和玩耍。随着扣扣逐渐长大，妈妈的工作任务繁重，无暇经常陪伴孩子进行有趣的探索，就给扣扣安排了时间计划表，扣扣周末和假期可以按照计划写作业、练钢琴、练网球、打扫房间等。

但是妈妈逐渐发现，扣扣并没有按照计划执行，而是会在路上观察昆虫，在公园和路人聊天，或者在家制作小模型。这让妈妈有些生气，花了很多钱和精力给孩子报班、安排时间表，怎么扣扣这样辜负自己的心意呢？妈妈和扣扣讲过几次坚持、遵守计划的重要性，扣扣总是试图反抗，但又说不过妈妈。渐渐地二人在计划安排上产生了冲突。

“心理老师说”

看起来扣扣和妈妈各有各的委屈：扣扣擅长奇思妙想，喜欢随兴体验生活；随着扣扣长大，妈妈逐渐希望改变扣扣有些松散的生活方式，希望孩子可以有计划地学习和生活。站在各自的角度，扣扣和妈妈都有自己的想法和道理。扣扣从小就喜欢探索，可能不是很适应按照时间表生活。她也认为妈妈的安排有一定的道理，但又没有能力和妈妈讲清楚自己的需要，不知如何反驳和调整。或许，妈妈更需要意识到，不适合孩子本性和节奏的计划很难发挥效果。孩子不遵守计划并不一定是因为抗拒成长和进步，也可能是因为这个计划难以执行，而具体无法执行的原因，就需要亲子双方更深入地探讨，从而有针对性地做出调整和优化。

2.3.2 毛毛躁躁的，又闯祸了

孩子总是粗心大意，毛毛躁躁的，一不小心就闯出各种祸来，大错不犯、小错不断，太让家长头疼了。这些让人着急上火的情况，家长该如何处理才好呢？我们一起来看看以下两个案例吧。

场景 15：悠悠是个聪明可爱的小姑娘，喜欢和人打交道，经常蹦蹦跳跳、爱说爱笑的，非常惹人喜欢。但自从她开始上学，妈妈总是十分头疼悠悠粗心马虎的问题。老师放学前才安排好作业和明天的课程，回家后悠悠就忘得干干净净，又是帮邻居奶奶拎东西，又是给妈妈唱歌，就是不记得完成自己的作业以及准备明天的书包。

妈妈检查作业时，发现悠悠的问题也很多，但都是一些小细节，虽然没有悠悠不会、不懂的题，但她就是不能全部答对，总是差一点。考卷上就更是问题频发了，和作业的问题一样，到处是因为粗心马虎丢的分。更让妈妈生气的是，很多错误明明刚犯过，悠悠也刚改正过，考试立刻又犯一模一样的错误。妈妈头疼不已，忍不住把悠悠训斥了一顿：怎么这么粗心！你是女孩子，做事更应该细致认真！

心理老师说

妈妈太头疼悠悠粗心马虎的问题了，这些问题在妈妈看来只需要认真一点就能避免，孩子却屡屡犯错，似乎都养成了习惯，这样发展下去怎么行？这也是妈妈格外着急的原因，妈妈无法想象继续这样发展下去，悠悠接下来的人生会发生怎样的偏差，遭遇什么不可想象的情况。因此，一方面妈妈对于悠悠当前的表现感到不满和着急，另一方面，妈妈也对悠悠这种不可预测的发展方向感到焦虑和急躁。

悠悠的情况的确令人头疼，但这也只是妈妈的一种设想，并未成为现实。现实情况是，今天悠悠因为帮奶奶拎东西而忘记写作业，因为考试没注意到已经犯过几次的错误而失分。妈妈有对未来焦虑的情绪是合理的，但将情绪不加处理地施加给悠悠是无益于她当前问题的改善的，还可能出现副作用。因此，妈妈一方面可以单独处理一下自己焦虑的情绪，另一方面可以在情绪平复之后，较为平和地和悠悠看一看卷子中某个问题又出错的原因，让悠悠想办法做些调整。

性格特质（细致）与性别（女性）没有天然的联系，在越来越多元化的社会环境中，女性不够细致也并非致命的，也存在很多优秀但有小瑕疵的女性，这个思想的解绑，或许也有助于悠悠妈妈减轻焦虑和急躁的情绪。

场景 16：五年级的小波做事总是风风火火，因此也容易在急躁的情况下闯祸。小波当英语课代表时干活积极主动，但发作业本时发得太快，扯坏了好几个同学的本子，被大家抱怨，老师也提醒了他。过了一天，小波和同学玩游戏时急着抢球，撞倒了同学，双方互不让步而起了争执，大家不欢而散。周末，小波在家想积极表现，刷碗时太着急又太用力，把不粘锅划坏了，碗也打碎了一个，妈妈不禁抱怨：你这是干活还是添乱啊，还不够我收拾的呢。你这毛毛躁躁的毛病快点改改吧！

小波一听，又联想到这周的种种遭遇，顿时脾气大爆发："我又不是故意的！怎么都怪我！我不是好心在帮忙吗！"

妈妈被小波突然爆发的脾气吓了一跳，自己也有点火了，说："你这孩子怎么回事，做错了还发脾气埋怨别人！你好好反思了自己的问题吗？"

小波被妈妈批评得没话说，一摔门回房间了。母子二人大吵一架，各自心里都不舒服。

"心理老师说"

小波短时间内经历了几个挫折事件，累积的挫败感让小波难以自抑，一股脑儿地发泄给妈妈。而妈妈呢，被小波愤怒的情绪感染，感觉到自己对孩子的教育遭到了强烈反抗，加上对孩子发展的担忧，于是也忍不住用愤怒反击了回去，结果两人不欢而散。

小波并非不想改正，但他以为自己是在做好事，或是正常表现。他风风火火的本性使得他在待人处事上都毛手毛脚，还未意识到问题时，就已经犯错了；问题反馈回来时，比如同学抱怨、妈妈批评，小波没有得到有效的行为指导，不知道如何调整行为，只是在不断地感受周围人不满的情绪，这可能让小波越来越受挫，直到难以承受，愤怒的情绪终于爆发。

因此，引导小波思考并找到“闯祸”时的规律，提前预判、及时规避，比单纯的怪罪，更能帮助他适应与他人的互动，从而真正改善“毛毛躁躁”的毛病。

2.3.3 说谎这个毛病太糟糕

俗话说，孩子开始说谎是成长的标志，如果孩子一直有啥说啥，让别人尴尬、得罪人，我们也不能一直用“童言无忌”来解释。但孩子犯了错误想用谎言掩盖，没做过的事情却要说谎吹牛，这种谎言的性质就不一样了。如果家长放任不管，孩子以后可能会养成说谎的习惯。来看看这两位家长的困扰吧。

场景 17：爸爸发现小龙最近谎话越来越多了。一开始小龙只是喜欢吹嘘，吹嘘自己在班上人缘好，同学们都喜欢和他玩。爸爸开家长会碰到他的同学，才发现小龙在班上也跟同学吹嘘自己家里多厉害、多有钱，爸爸一听就知道是瞎编的。最近，爸爸发现小龙在学业上也开始说谎，平时营造一种自己都懂都会的学霸形象，其实很多作业都是抄的；考试露馅了，但是他希望在家里维持形象，所以就自己偷偷改卷子分数。爸爸非常生气，想要好好教训一下小龙，被妈妈拦住了。妈妈劝爸爸不要动粗，也不要过分训斥，她来和小龙谈谈心。

妈妈平和地说："小龙，你的卷子分数好像不太对，你想和我说说吗？"

小龙还梗着脖子不想承认。

妈妈说，"我可以和你的班主任确认成绩，但我更想由你来告诉我。你想聊的时候来找我，和我说说你是怎么想的，好吗？"说完，妈妈就准备离开了。

"妈妈！"小龙叫住妈妈，"我错了，但是我考得太差了，和我平时跟你们说的不一样。"小龙说着就带上了哭腔，"我怕你们骂我……"

心理老师说

妈妈平和的态度、尊重的话语，短短几句话就和小龙建立起了连接，让小龙愿意放下谎言，直面自己的挫败和无力。试想如果是爸爸带着愤怒的情绪来教训小龙，或许又是一场两败俱伤的大战。小龙说谎伪装已经有一段时间了，他在这个过程中应该也尝到了不少甜头，如吹嘘时的快感、旁人的羡慕，可能都在满足他的幻想，让他不需要太多努力，只要动动嘴就可以提升自尊感。

但现实情况并非如此，考砸的成绩打破了他的美梦。改分数时，小龙一定知道这又是一次欺骗，但他并不知道该怎么收场。妈妈温柔又坚定的态度，让小龙主动走上承认错误、卸下心理负担的正路。妈妈接纳孩子的表达方式很重要，这并不是纵容小龙继续欺骗，而是在传达“我相信你会选择改正，我愿意等你”，这让小龙感受到安全，感受到有调整方向的空间，他也会更愿意走向相信他、帮助他的妈妈。

场景 18：有一天，宇翔的班主任请父母来一趟学校。老师先和父母核实了一些事实情况，并沟通了宇翔在学校的表现。

老师说："宇翔最近在班上的人缘不太好，有同学多次和我反映，宇翔喜欢说谎、欺骗同学，比如吹嘘自己去过好多地方旅游，被同学分析一下时间就拆穿了；还有好几次和同学约好的事情，说好后又反悔，同学们都不太喜欢他了。担任我的课代表时，假传我的话让同学帮他做事，所以我也撤掉了他的课代表。他上其他老师的课时，有时也会哗众取宠，影响老师正常教学。"

爸爸妈妈和老师一核对，发现周末学校也没有安排补习班，所以宇翔是撒谎要了钱出去玩；有几次考试成绩不好也没和父母说，宇翔就自己模仿妈妈的笔迹签名了。此外，他还有犯了错把问题推到别人身上等毛病。越聊宇翔的父母越生气，恨不得立刻教训宇翔一通："这孩子现在怎么这样，怎么不学好！看我好好教训教训他。"老师连忙劝诫家长，不要激动或打骂孩子，好好和孩子沟通。

心理老师说

看起来父母已经认定宇翔是个问题少年了，之前以为儿子乖巧听话，没想到他一直在欺骗父母；孩子在学校的表现也很糟糕，同学们不喜欢和他玩，老师也有些失望了。突然了解到儿子完全不一样的一面，导致父母对孩子的认识产生了落差，因此格外生气和愤怒。从孩子的角度来看，宇翔似乎已经能熟练运用谎话来达成自己的目的，但他也已经感受到谎言被拆穿后大家对他的不满，这反而与他渴望得到别人的喜欢和羡慕背道而驰。

宇翔为什么要撒谎呢？我们先抛开价值评判，来分析一下他内心的渴望。我们可以猜想：宇翔想要获得同学们的喜欢、拥戴，想要成为厉害的班干部、学霸，也希望在老师和家长眼中是好孩子，各种表现都是优秀的。但是想要真正实现目标是需要付出很多努力的，而宇翔很多时候没表现好，还想把时间用来玩耍。他不愿意努力，也就无法形成他想要的良好形象和人际关系，于是就选择欺骗别人来更简单、更快地实现自己的目的。

因此，帮助宇翔通过自己努力实现目标、获得正向体验非常重要，这可能是比“教训孩子一通”更有效的解决思路。

成因分析——想要孩子不出错

这一小节我们看到了很多父母对孩子不同偏差行为感到头疼的案例。我们在养育孩子的过程中会非常担心孩子学坏、走错路，网络上也经常会出现很多失足少年走上了犯罪道路，或者游手好闲、一事无成的案例。因此很多父母都会尽心地管孩子，约束孩子的行为，确保孩子不犯错、不偏离正轨，不会走到歪路上。

约束和放手是一条线上的两个方向，找到中间的平衡是一个难题。过于严厉的管束，可能使得孩子畏首畏尾，也积压了更大的怨气；过于放纵，又会使得孩子无法得到有效的教育和帮助，导致他们犯错、闯祸，甚至可能让自己陷入险境。往往过度约束孩子的家长更难放手，也更容易出现焦虑、急躁的情绪。随着孩子长大，孩子渴望拥有更多的自主权，家长还会和孩子频繁发生冲突。

我们希望为孩子提供合适的指导，真正帮助孩子纠正偏差行为，而过分的约束和管控是不必要的。在此之前，我们需要先了解我们当前的做法。我们在要求孩子做对的事、正确的行为时，内心的诉求是：

▶ 想要孩子不出错、不出现偏差。

希望孩子的行为符合社会规范；

希望孩子遵守规则和纪律，不能违反；

想要孩子一直做正确的事，没有例外。

▶ 少走弯路、避免付出代价。

希望孩子不受伤害、不遭受损失；

希望孩子提前规避风险，有预判能力；

希望孩子不用感受受挫、失败的痛苦。

▶ 严守边界，非黑即白。

坏习惯一旦沾染就完了；

担心孩子变坏、一辈子都毁了。

家长在逐条检查时，不必急于做出评价和判断，尤其不要自责，埋怨自己为什么会有这种不切实际的想法等。我们可以试着仅仅进行观察，尝试探究一下自己究竟有哪些想法，在上面符合你情况的句子后面做好标记。

如果你还有其他不同的想法，也可以在下页的书写框里写下你内心渴望表达的声音，不用在意这句话说得是否正确、合理，仅仅是因为它出现在你的头脑里，就值得将它记录下来。如果没有也可以不写。

我在"希望孩子行为正确时"的内在渴望是：
如，我希望我的孩子少犯错、少受挫。

____

____

____

无论这些期待是否符合现实、能否实现，我们渴望孩子拥有好的人生的愿望是值得认可的，我们可以接纳自己有这样的渴望，同时以此为方向，探索向这个方向迈进的具体操作。不过在此之前，我们再区分一对重要的概念——唯一与多元。

区分要点——唯一与多元

在引导孩子养成正确行为习惯时，我们其实有一种隐含的信念，即"只有这样才是正确的""这是唯一正确的路"，由此会催生出千变万化的教育方法和规范，例如必须几点起床几点吃饭，应该先写完作业再玩耍，或是强调严格遵守纪律、规范和时间表。但计划赶不上变化，变化是永恒的，如果一味让孩子僵化地按照计划和规定行事，可能会扼杀他们对于变化、不确定性等方面的适应力，而应对不确定性也是孩子成长过程中需要逐步学习并掌握的一种能力。

我们也会发现，实际的工作和生活中并不存在唯一的正确答案，很多时候我们的工作、生活和人际互动都是多种形态交融、多元共存的。如果我们希望只用一种“正确”的模式应对生活中所有的变化，往往会碰壁、无所适从。我们也会格外羡慕那种灵活多变的人，似乎这样的人有多种多样的方法应对难题，也能和各种性格的人打成一片，稳定持续不内耗地与人交往、应对挫折，这其实需要一种对多种价值体系的包容能力。当我们拥有稳定的内在自我时，就不容易被他人的评价体系所左右，也不容易被意外事件击垮；在此基础上，保持开放的心态，我们就更容易理解与我们不同的价值观和行为，能够更好地和与自己想法不同的声音共存。我们并不需要消灭不同于我们的声音，也不需要改变对方，只需接纳对方与我们的不同，专注于需要完成的事情，或是进行求同存异的互动。

如果我们将这个思路应用于养育孩子的过程中，或许我们会意识到，并不需要和孩子一争高下，也不需要确保自己给出正确无误的真理。我们应抱着接纳不确定性、容纳多元变化的心态，根据实际情况不断调整，做出更适合当前情况、更适合自己和孩子的选择。

2.4 情绪爆发时刻 4——精力失衡

2.4.1 我这不是为你好吗

孩子从小到大的成长都需要父母的关心和照顾，尤其是孩子还不会说话、不懂道理时，完全依赖父母的教导。不知从什么时候开始，孩子不愿意再听父母的话，父母耗费心力的教育，怎么会让孩子感觉到受伤害了？“我这不是为你好吗？”“为什么孩子不听，还要反抗我呢？”，这是很多父母的心声。我们来看看下面两个案例。

场景 19： 含含并不是一个积极主动的孩子，平时生活中比较随性。妈妈担心含含这样的性格不利于健康成长，于是经常采用“激励法”对待孩子。比如几个小朋友一起吃饭，她常常会夸其他小朋友吃饭又多又快，不像含含，小口小口地不知道要吃到什么时候。含含听到后就会很委屈，含着眼泪大口吃饭，想要证明给妈妈看。含含上学后，妈妈也是经常用比较和激励的方式教育她，让她进步。含含感受到妈妈的期待，因此积极表现自己，也会主动和身边人比较、暗自较劲。

这次含含考了班级第一，特别高兴，父母也开心地为她庆祝，但父母也没忘提醒含含别骄傲，还要继续努力，这让含含有些不高兴。妈妈问含含下次的目标是什么，含含却有些激动地说："你们根本不是想祝贺我，就只是想让我考更高分！"父母又困惑又生气，准备了一桌子菜这不是祝贺吗？提醒她别骄傲又有什么错呢？

心理老师说

父母和含含之间因为这次祝贺事件起了冲突，父母不理解孩子的不满从何而来，觉得自己都是为了孩子好，怎么还遭到孩子的埋怨呢？我们来看看案例中含含的心路历程：含含一直在为了妈妈的要求努力，甚至很多时候在违背本能的意愿。含含接收到与别人比较后的激励时，她内心感受到的其实是妈妈对她现有水平的否定和对其他孩子的喜爱和认可，这会刺痛含含，让她更加渴望得到妈妈的喜爱和认可。含含在努力的过程中得到了很多成绩和荣誉，但这并不是她真正想要的。

在这次庆祝晚餐上，含含本以为她可以真正得到父母的认可和肯定，会听到父母说他们的女儿非常优秀、值得被爱，谁知父母只是继续"挥动鞭子"，这让含含的愿望破灭，她才会说出让父母难以理解的那句话。翻译过来，含含其实在说：你们仍然不认可我，如果我不努力，你们就不会爱我。

场景 20：爸爸一直想把浩然培养成一个小男子汉，因此在方方面面都对浩然严格要求，仿佛进行军事化管理，例如，生活作息要严格按照时间表进行，几点起床、几点吃饭、几点睡觉，不允许有太大误差；食不言寝不语，吃饭的时候不能挑食、不能说说笑笑；遇到挫折不能退缩、哭泣，要勇敢面对，想办法解决问题。爸爸还经常带浩然进行体育锻炼，晨跑、夜跑、长跑，给浩然报跆拳道兴趣班，还让他学武术，希望浩然培养出抗挫的坚毅品质。

浩然小时候会本能地抗拒，有时候想赖床，有时候不想跑步，但爸爸脸色一沉，有时候也会强硬地把浩然拉起来，让浩然越来越不敢反抗，也更加习惯爸爸的“军事化管理”。到了青春期，浩然对爸爸的回应越来越少，很少和爸爸说话，也会尽量避免和爸爸碰面。一次爸爸特意叫住浩然，想和他聊两句，浩然不愿意，说要回房间。爸爸有些生气，训斥了浩然，父子俩互不相让，大吵起来，甚至差点动手。好在妈妈及时劝架，才避免了更激烈的冲突。经过这次冲突，父子的关系直接降到冰点，好几周双方都不见面、不说话。爸爸十分寒心，觉得这个孩子变了，不懂感恩，辜负了自己的苦心。

“心理老师说”

父子间关系冷漠的情况不在少数，尤其随着儿子的年龄增长，双方的冲突可能会变得更激烈、破坏性更强。我们回看浩然和爸爸一直以来的关系，爸爸在比较强势地把自己的理念施加给幼小、无法反抗的浩然时，可能是出于对孩子的期待和养育责任，也的确进行了很多教育，但他的教育方式过于严苛，并不适用于浩然的性格和成长节奏，在和浩然的互动中，也没有灵活调整教育方式。因此，从浩然的角度来看，他并没有感受到太多爸爸对自己的照顾和爱，感受到的更多的是命令和要求，而且是一种地位不平等的互动，自己无力做调整和改变，只能服从。当浩然逐渐成长起来，他也不会想到可以和爸爸沟通商量，而是直接反抗。如果这种模式继续下去，浩然甚至可能和爸爸角色互换，成为发号施令、要求父亲服从的人。

因此，爸爸需要意识到，自己曾经简单命令式的管理是一种较为专制的教育方式，缺少了对孩子的关心、温情和协商。孩子以前的懂事听话更多是一种无奈的服从，浩然在过往的父子互动中是受到了一些伤害的。

2.4.2 不是才给了零用钱吗

如今，孩子的生活条件好，父母给起零用钱来也是毫不吝惜。可是孩子并不知道如何合理使用自己的零用钱，常常乱花钱。那么，还能给孩子零用钱吗？我们一起看看下面的案例。

场景 21：小虎父母中年得子，夫妻俩都格外宠爱这个宝贝儿子。小虎从小吃的用的，父母都会买最好最贵的，还专门请保姆照顾小虎，请家庭教师为小虎辅导功课。平时他们也会给小虎很多零用钱，小虎慢慢养成了花钱大手大脚的习惯，衣服鞋子穿过几次就想扔了买新的，家里有饭不想吃就不吃，自己再买零食；零食买多了就随便送同学，没钱了就随时找父母要。

前段时间，家里的经济状况急转直下，需要节省开支，小虎的生活条件也大不如前。小虎完全无法接受这样的变化，很多事情要自己做，也没有充裕的零用钱。父母也和小虎说之前他花钱有点浪费，正好趁这段时间收敛一下。听到这话，小虎非常生气和难过，在家里大吵大闹。父母也有点寒心，家里正困难，这孩子也太不懂事了。妈妈教育了小虎几句，小虎就和父母陷入了冷战。

“心理老师说”

很明显，案例中小虎的父母中年得子，格外宠溺自己的孩子，因此，不仅没有培养和锻炼小虎自己做事的能力，在金钱规划和使用上也没有正确引导。父母自己打理生意，他们知道钱是靠辛苦的工作挣来的，也具备应对困境的生活能力，但这些他们都没有教给小虎。从父母的视角看，他们希望自己的孩子不用再吃自己吃过的苦，可以好好享受富裕的生活。然而，小虎缺少正确金钱观的教育，缺少获取钱财、规划钱财的教育，导致钱在小虎眼中只是一种父母随时都能提供的纸张，是手机和账户上的数字。小虎无法将这个抽象的概念和实际换取金钱的劳动联系起来，也没有体验过辛勤的劳动能换取多少钱，因此才会花钱大手大脚，毫无节制。

父母只是宠爱小虎，却没有让小虎了解到父母是如何获得这些钱的，这会让小虎自然而然地以为这些钱就像父母的关心、张口就有的饭菜一样，是唾手可得的。小虎不知道获取的辛苦，自然也不会懂得珍惜。因此，当家里出现突如其来的变故时，他完全无法适应，只能用糟糕的情绪和本能的抗拒来应对。

场景 22：小达最近经常抱着手机玩游戏，游戏对战不顺利时，小达就会很急躁地发出生气的声音，有时还说脏话。妈妈看了也很生气，会立刻训斥小达。小达也不理妈妈，只是换个房间或者关起门来继续打游戏。妈妈深感无奈，但也不知道该怎么教育孩子，现在只想训斥他，没收他的手机。

最近一次，妈妈在没收小达手机时，双方又爆发了激烈的冲突。妈妈还发现，小达竟然把每周的零用钱全都充进了游戏里，买装备、买皮肤，还送给朋友。妈妈不知道买这些虚拟的东西有什么用，但是看到一笔笔充值订单真是怒火中烧，觉得小达把她辛苦挣的钱都浪费了。她想起小达小时候还偷家里的钱买了一堆卡片，当时妈妈通过看书学习，意识到孩子偷钱是想自己支配钱了，于是她每周都给小达零用钱，还让他记账，学习自己合理分配零用钱。现在倒好，小达把钱全部花到游戏里，而且越玩游戏性格越差，这可怎么办呢？

心理老师说

小达玩游戏和充钱到游戏里的行为让妈妈难以接受。妈妈也曾对小达进行了金钱观的教育，比如在孩子偷钱后主动给孩子零用钱，还教孩子记账和合理分配钱，这些都是很棒的金钱管理思路。妈妈已经在有意识地调整自己的教育理念，但她可能没有意识到，随着时代的发展，孩子的消费方式和需求也在发生变化。除了小达在玩游戏时情绪糟糕、说脏话外，妈妈不满的另一个点是小达把自己的零用钱全部充到了游戏里。妈妈认为在游戏中购买的东西都是虚拟的，花了钱却没得到实物，这是对钱的浪费。而小达购买这些东西是为了自己在游戏中有更好的体验，可能还送给朋友当礼物，增进友谊。如果妈妈愿意从小达的角度来理解他的体验，或许妈妈也会减少很多愤怒的情绪，也能更有针对性地帮助小达改善现状。

成因分析——想要省力省心

本节中案例的发生，多是因为家长希望减少与孩子的冲突，希望减少养育中的麻烦和困难，希望不必付出太多，等等。养育孩子的确是一个十分损耗心力的事情。作为家长，我们怀揣着对孩子的期待，需要对家庭生活进行足够的规划，需要对孩子进行或长远或细节的安排。与此同时，我们自身的生活、个人情绪、学业工作等方面也有源源不断的事情袭来。而在孩子这边，他们有自己的生理反应，有自己的意识和想法，也有自己的情绪情感。他们在上学后可能会遇到学业困难，要适应新的环境，还要处理与同伴、长辈、老师等不同人群的关系。这些已经是家长不可避免的挑战了，还不包括各种各样的意外事件。因此，即便是理想状态下的养育过程也是相当消耗心力的。在这样的现状之下，我们难免会有情绪暴躁失控的情况。

这并不是说我们就可以不加控制地随意将暴躁情绪发泄给孩子，伤害孩子，而是我们可以允许自己有状态糟糕、难以自控的情况。当我们的情绪状态真的非常糟糕、需要一个宣泄愤怒的出口时，要学会给自己松绑。

在一定程度上接纳自己的情绪，我们才有更多的空间和心力来思考当前的问题，也会更有能力在发现问题后进行调整和改善。

如果你感觉自己做好了准备，我们可以来看看，当家长因为想要用省力的方式育儿时，其实内在的渴望是：

希望一步到位；

希望事事如意，一切顺利；

希望可以省去中间“没必要”的步骤；

希望事情的完成效率高；

希望彼此心有灵犀；

希望和孩子有默契，不必多说就能懂自己；

希望孩子接纳自己的要求、愿望、期待，并实现它们；

希望沟通顺畅无阻，不用在沟通上耗费时间和精力；

希望直接得到好结果；

不想接受不如意的结果；

不想面对额外的麻烦和负担；

希望少付出、多收获；

……

请家长对照以上内容，分析自己是否有这些内在的想法。如果并未说到你的心声，你也可以进行补充，把自己的想法写下来。

正如上一个篇章中我提到的，我们在觉察和书写时都不需要

> 我在“希望照顾孩子时省心省力”的内在渴望是：
> 如，我希望我有更多自己的时间。
>
> ______________________________

做价值判断，不需要进行是非对错的评判。当然，这并不容易做到。我希望你可以在这个过程中充分地感受和表达自己内心的声音，而不会因为担心社会不赞许、不被接纳，或是内心的道德谴责，就压抑我们头脑中的声音。承认、说出或写出我们的想法，并不代表这个想法就成为现实了，它只是一个念头。

当你完成这个书写框时，或许你体验到了一丝畅快，正是这些情绪和想法的疏通能让我们更有力量来面对问题。接下来，对于改善养育过程中信念的调整，我们可以区分一下“顺应和改变”这对概念。

区分要点——顺应和改变

作为人类，我们拥有改造世界的能力。虽然人类只是广袤宇宙中的一员，但是我们能够不断发挥主观能动性，不断地改变自身和周围的环境。古往今来，无数人通过自己的思想，以及无限的创造力，将周围的环境变成适合自身的发展的状态。更不要说我们自己养育的孩子，更需要我们去施加影响，帮助他们长大。

但我们在改变周围的环境和人时，并不是一帆风顺的，比如我们希望在冬天吃到夏天的水果，我们无法直接将冬天消除，或是按下一个神奇的按钮就能改变季节。我们需要顺应四季更替、昼夜变化的规律。我们不能改变大自然四季变换的规律，但是我们可以通过研究夏季水果的生长规律和条件，利用农业温室大棚在冬天为这些水果营造出一个适宜生长的环境，从而实现我们的愿望。因此，我们在改变周围的环境和人时，需要在一定程度上尊重其自身的原则和规律，在顺应规律的基础上进行改造，才能事半功倍。

养育孩子也是一样，孩子也并不是任我们随意摆弄和改造的。再小的孩子也有自己的意志和喜好，有些孩子喜欢安静，有些孩子喜欢说话，有些孩子喜欢动手，有些孩子喜欢运动，每个孩子都有自己独特的个性和优势。而我们在进行教育时容易出现一个误区，就是不接受孩子有缺点，总想改造孩子的短板，尤其认为孩子越小越好改造；还认为将孩子不擅长的地方改造好，比发挥孩子的优势更重要。很多家长认为孩子的优势不需要再刻意培养，自然而然能发展得很好，但短板和缺点不修补可能是致命的。带着这样的想法，许多家长就会急于使用各种不恰当的改造方式，诸如否定、贬低、挖苦、暴力，也可能会用稍温和一点的方式，如“激励”、和别人攀比等。或许孩子短期内表现出了家长期待的效果，但也在心理上埋下了隐患。

18 世纪的思想家、哲学家、教育学家卢梭就曾提出“返归自然”的口号，主张顺应儿童的本性，让他们的身心自由发展，培养他们独立生活能力，身心健康，并能独立思考和判断。在他看来，除此之外对孩子的改造，都是无益于孩子健康成长的，反而还可能引起反作用。请各位家长认真思考一下，损害孩子的健康快乐换来的“优秀”，是真的优秀吗？

如果我们愿意接纳孩子的本性，愿意陪伴孩子按照他的节奏成长，或许我们的急躁和焦虑就会自然消散。

2.5 应对暴躁的关键技巧——按下暂停键

还记得前文提到过的大脑情绪系统的生物机理吗？我们在感受到引起情绪反应的外部刺激信号后，可以通过一长一短两个通路进行情绪反应。在长通路中，我们可以加入一些理性控制的声音，在杏仁核进行判断之前，大脑皮层也做出相应评估，从而在一定程度上减少愤怒失控的可能性。

因此，在进行了一系列核心信念的调整——也就是对理性与现实、自我与孩子、唯一与多元，以及顺应与改变这四对概念进行区分——之后，我们需要采取的第一步重要的行动就是按下暂停键。我们可以在接收到愤怒信号后，按下暂停键，让理性大脑参与客观的分析与评估，从而做出更恰当、更有效的判断。

那么，按下暂停键后，我们要做什么？

2.5.1 评估现实

当我们按下暂停键后，并不意味着要放弃愤怒，有时，愤怒恰恰是最恰当有效的应对。比如，孩子故意搞破坏，或是孩子受到欺负时，愤怒可以帮你维护家庭的规则，帮你保护孩子。

因此，不必在暂停冷静时劝自己不要愤怒，而要评估现实情况。不要被内心的情绪或引爆你情绪的细节牵着鼻子走，而要暂时停下来，先看一看当前的整体情况，感受自己内在的情绪和想法，选择一个你更舒服、更想采用的方式，避免冲动后的后悔。

2.5.2 不必压抑

很多人看似平静，实则只是在压抑、回避自己真实的感受，这种“平和”只是源于对发脾气的顾虑，比如担心发脾气影响形象、担心生气时伤到了别人，或是担心因发脾气被人讨厌……和这样的“冷静者”沟通时，你会感到自己的情绪仿佛被一堵墙挡了回来，会感觉莫名地憋屈，完全无法和对方形成情绪的流动和交换，对方的冷静反而令人感到压抑、不舒服。

这种压抑也会把大脑已经接收到的愤怒情绪收集起来，想办法藏好，直到“冷静者”被压到受不了，就莫名地爆发。这样的爆发反而更伤人、更破坏形象、更让人难以理解。

因此，如果你感到自己暂时无法停止愤怒，也不要强行压抑，而要多给自己一些时间来处理这些积压的情绪。

接下来，我们将进入到更具实操性的版块。

第 3 章

培养有力量的平静

本章，我们将更深入地探讨自我意识和情绪反应，对愤怒情绪的改善阶段进行剖析并提供相应指导。同时，书中会提供实操思路和练习方法，从根源上探究如何调控愤怒，获得有力量的平静。

3.1 自我意识与情绪觉察

3.1.1 打开第三只眼——觉察

我们的头脑中每天都会闪过无数的想法和念头，独处时会出现，与人交流时会出现，进行各类活动（阅读、运动、玩耍等）时会出现，甚至睡觉时也不会停下来——也就是梦。这些都是我们意识的一部分。

在养育孩子的过程中，我们也经常萌生出各种各样的想法：我的孩子现在怎么还不起床，她怎么还不睡觉，他怎么又闯祸了，她的成绩怎么又下滑了，他是不是背着我干坏事了，她是不是认识陌生人了……出现各种各样的想法很常见，也很正常，但我们可能会被这些想法操控着，就开始变得越来越焦虑和担心，仿佛这些想法指向的糟糕情况下一秒就会发生。于是，我们忍不住将自己的担忧施加到孩子身上，想要改变孩子的想法和言行，结果却引发孩子的反抗，就演变成了一次次的冲突。

第 2 章中，我们提到要区分自己头脑中的想法和真实的现实世界。很多时候，我们的念头只存在于我们的头脑中，并不是现实中正发生的事情。如果我们没有将这个念头付诸行动，那这个念头自己就会消失。正如一条宽阔悠长的河流，当我们站在河岸边时，我们只能看到河流其中的一段。在我们眼前的这一段河流，就像是我们大脑当前所能承载的信息量，我们无法看到河流的源头，也无法看到河流的终结。河岸上有许许多多的树叶飘落到河里，或浮在河面，或被冲到河底，或被湍急的河水冲起来，但这些树叶都会随着水流的方向被带走。我们的念头就像这些树叶。

我们一起来做个小记录，你可以看一下钟表，当前的这个时间你在想些什么，把它写在下面的书写框中。

时间：____年____月____日____时____分

你的念头：________________

____

____

回想一下，上周的这个时间，你在想些什么？上个月呢？去年呢？

每天都会有无数个念头出现在我们的大脑中，但并不是每一个念头都对我们的生活有影响，这些念头也不会一直存在于我们的头脑中，它们最终会像树叶被河水带走一样，从我们的大脑里消失。如果发生了一些格外重要的事情，它们就是这段河流中非常重要的叶子，才会被我们牢牢记住。

一旦你接受了这个设定，我们就可以做更多的尝试，比如从河流中捡起一片你喜欢的叶子，也可以把你不喜欢的叶子扔掉，让它随河流漂走、消失。这也是正念、冥想、觉察等相似的理念训练我们对待念头的方式。当你能够客观地观察自己的想法和情绪时，你就有了更多空间去审视和评估它们，也能有更多的时间去思考如何应对它们。

直接觉察自己的念头并不容易做到，尤其是在情绪不佳、身心疲惫的时候，所以我们可以先从一些更明显的外在行为和语言表达开始。比如，我们可以用十分钟来观察一下自己的呼吸，你可以睡前在床上躺好，挑一个自己舒服的姿势，把注意力放在自己的鼻子或肚子上，感受一下自己此时此刻正在进行的呼吸，感受气流从鼻腔吸入，感受腹部缓缓隆起；再感受到肚子回缩，气流从鼻腔呼出……在专注于感受这个行为时，或许你会感觉到前所未有的平静，或许你会感觉到有些烦躁和无聊，或许你会萌生出无数条想法，或许你很快就睡着了……无论怎样，你都觉察到了一个你时时刻刻都在进行的行为。这个行为没有对错，它就是自然存在着，你不会怪自己怎么呼吸得不好看，或是怎么呼吸得不优秀，而是允许这个行为以它自己的节律持续进行，不干涉，也不评判。

当你能够时常进行这样的觉察时，你就可以逐渐尝试觉察自己的念头。举个例子，当我想到一件做过的尴尬的事情时，这个真实的事件已经结束，已经是过去式了。我现在又浮想起的这个念头，虽然能唤醒我尴尬的感受，但这个念头就像我的呼吸，就像不断落入河流中的叶子，它没有对错，它本身不会伤害我，对我也不会有糟糕的影响。如果我不执着于紧紧抓着它不放，它就会像我的呼吸一样自然地进行下去，就会像不断被河水冲着向前走的叶子一样，最终消失。所以，面对这个念头，或许我什么都不用做，我只需要静静看着它，等待它被呼吸带走、被河水冲走，一段时间过后，只要我不再捡起它，它就会从我的头脑中消失。对于愤怒、暴躁的念头，同样如此。你可以想一个能引发自己愤怒的念头，尝试用类似的方法来观察它。

3.1.2 情绪识别与命名

学习了觉察念头的方法后，我们还需要准确识别自己的愤怒情绪。

人们通常认为压抑情绪、“喜怒不形于色”才是稳重的表现，要温文尔雅；还有很多人认为，在一些场合流露情绪是不礼貌的，是对他人的不尊重。所以孩子从小就逐渐接受“控制”情绪的教育。我们几乎没有学习过如何识别、觉察和接纳情绪，那么我们对自身情绪的感知就可能是模糊而压抑的，更不必说很多人对于情绪还有各种各样的误解。

在觉察内在的自我情绪之前，我们要先了解情绪。

通过世界范围内跨文化的心理科学研究，我们在不同文化体系、不同语言和情绪表达中，找到了人类普遍存在的几种基本情绪，这里我们主要认识四种基本情绪：喜、怒、哀、惧。

喜

这类情绪让我们有积极良好的体验，是我们感到舒服和满足时会有的情绪状态，也是很多人追求的情绪。但我们也可能过分强调这类情绪的积极价值，比如，认为只要开心就是好的，积极乐观一定比消极悲观好。

怒

这类情绪是强烈而有力的，通常是我们的利益或安全受到威胁时的一种自发的自我保护方式。如果过度使用，无论是对他人还是对自己，都会造成相当大的破坏力和伤害；如果被压抑，这类情绪也可能转向自我攻击。

哀

这类情绪是低落而痛苦的，是我们在遭遇失去（如亲人、朋友、工作、健康、爱情等对自己重要或有意义的人或事物）时会产生的情绪。失去会引起悲伤和失落，如果这些情绪不能得到有效的表达和处理，就可能转化为抑郁。

惧

这类情绪是我们面对难以抵抗和战胜的危险时自发产生的自我保护反应，它会促使我们更快速做出应对——战或逃，从而更好地保护我们免受伤害。

除此之外，我们还有更多复合情绪，比如内疚是愉快和恐惧的组合，我们享受着“不正确”的事情带来的开心，同时又感到害怕担忧，于是产生了自我否定的内疚感；又比如嫉妒是哀伤和恼怒的集合，当我们感到自己不如他人的时候，内心会有一种自卑和难过，同时又会因为认为自己应该拥有却没有得到而产生愤怒，从而复合出一种渴望拥有却不敢承认的嫉妒情绪。

我们可以通过一个情绪万花筒来对照自己在生活中的各种情绪感受。

这里我们将情绪归纳了 8 个方向，每个方向上的情绪都有自己对应的颜色，由内向外，情绪的强烈程度逐渐减轻，颜色也随之变浅；空白处的地方也有情绪，即相邻两个情绪的复合情绪，比如敬畏是害怕加惊讶，鄙视是厌恶加愤怒。

当然，我们的情绪绝不止以上这些，你也可以在日常工作和生活中有意识地留意自己的情绪反应，还可以用你觉得合适的词汇来命名它，并把它记录在你自己的情绪万花筒上。

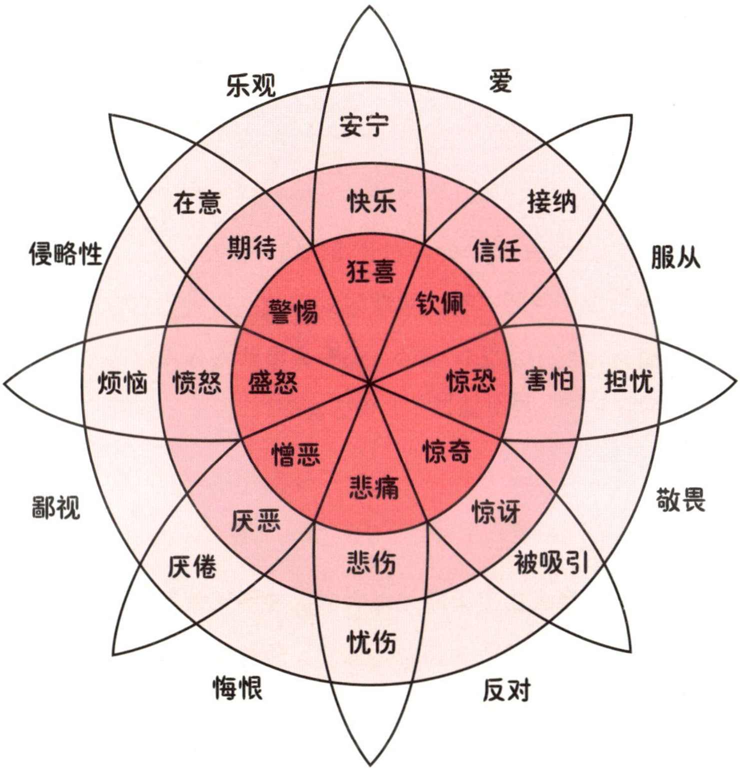

3.1.3 观察自己的反应模式

当我们掌握了足够多的情绪词汇，可以区分出不同方向上的情绪甚至是同一方向上不同程度的情绪时，我们就完成了控制情绪的第一步——区分情绪粒度。这有助于我们更好地觉察自我情绪的源起。当我们能够清晰、细致地识别情绪后，才能更有针对性地探究情绪的来源，并合理应对。

因此，当我们通过上一步清晰准确地命名出情绪时，我们也就可以带着这份觉察，继续深入探索“我”的情绪反应模式。

正如每个人的口味和审美千差万别一样，我们的情绪反应也具有独特性。例如，同样是面对悲伤情绪，有人会感到胸口憋闷，有人会感到鼻子酸涩，有人喜欢独处哭泣，有人喜欢登高远望、放空，有人需要朋友陪伴倾诉，还有人喜欢挤入人群狂欢……没有哪种方式更好，只有哪种方式更适合你。

那么，怎样才能知道自己的情绪反应和应对方式呢？我们可以通过一个心理量表来了解自己的情绪调节模式。

这个心理量表由美国斯坦福大学的格罗斯教授开发。量表共分为两个维度：认知重评和表达抑制。通过这个量表，你可以了解自己在面对情绪事件时倾向的情绪调节方式。量表中的每个问题都采用 7 点计分，从 1（非常不同意）至 7（非常同意），选择你觉得最符合你情况分数即可。

情绪调节心理量表

	完全不同意	很不同意	有点不同意	中性	有点同意	很同意	完全同意
1. 当我想要体验更多积极情绪时，我会改变自己思考的内容	1	2	3	4	5	6	7

（续表）

	完全不同意	很不同意	有点不同意	中性	有点同意	很同意	完全同意
2. 我倾向于不表露自己的情绪	1	2	3	4	5	6	7
3. 当我想要减少消极情绪时，我会改变自己思考的内容	1	2	3	4	5	6	7
4. 即使感受到积极情绪，我也会尽量不表现出来	1	2	3	4	5	6	7
5. 在面对压力时，我会调整自己的想法，让自己保持平静	1	2	3	4	5	6	7
6. 我控制情绪的方式是不表达它们	1	2	3	4	5	6	7
7. 当我想要增加积极情绪时，我会改变自己对现状的看法	1	2	3	4	5	6	7
8. 我会通过改变对现状的看法来控制自己的情绪	1	2	3	4	5	6	7
9. 当我感受到消极情绪时，我通常不会表现出来	1	2	3	4	5	6	7
10. 当我想要减少消极情绪时，我会改变自己对现状的看法	1	2	3	4	5	6	7

统计第 1、3、5、7、8、10 的得分总和，得到的是你的认知重评策略的分数；统计第 2、4、6、9 题的得分总和，得到的是你的表达抑制策略的分数。分数越高，说明你使用该策略的频率越高。

认知重评是指我们在感受到情绪后，选择不同的视角重新理解和思考事件带给自己的影响，而表达抑制是指我们在感受到情绪后，选择减少情绪的表达来表现平静。相比之下，认知重评是更具适应性的做法，表达抑制在应对消极情绪时更不利于个体的身心健康。

举个例子来说明。当我们要求孩子停止某项行为而孩子不听时，我们会感受到生气。能够进行认知重评的家长在感受到自己因为孩子拒绝而产生的愤怒后，不会急于做出“孩子就是不懂事/不尊重我”的认识，而会冷静下来，找到孩子在这项行为中感兴趣、满足的点，从而找到更具适应性的解决办法。比如孩子在排队时揪别人衣服上的装饰物，我们就可以用一个减压玩具代替，而不是急于选择对孩子发怒，或是命令孩子立刻住手。

而采用表达抑制策略的家长可能是强压怒火，委婉地阻止孩子的做法，却没有实质性的改善措施。忍下来的情绪并没有消失，而是被积压在内心深处，还可能伴随着委屈和憋闷。家长在抑制次数过多后，也可能情绪大爆发，反而让孩子感受到过度的愤怒，这对家长的身心健康也是不利的。这也是我们不推崇家长采用“忍”的方式来处理愤怒情绪的原因。

关于如何使用认知重评策略，我将在下一节着重讲解。

除了前文提到的区分情绪粒度、通过心理量表了解自己的情绪策略，我们还可以感知自己的生理变化。正如我们观察判断他人愤怒的反应一样，你也可以在愤怒时照照镜子，或是听听自己说话的语言和语气。以下是人愤怒时的常见表现，你也可以收集记录一下自己的反应：

紧皱的眉头、怒睁的双目、外翻的鼻孔、粗重的喘息、握紧的拳头、愤怒的语气、不满的语言、具有攻击性的行为……

这些身体、情绪、行为的反应，共同构成了我们被情绪唤醒时的状态。你可以用两周或一个月的时间，有意识地观察自己的各项反应，这样，你会更清楚自己在何种状态、何种情境下容易产生暴躁的情绪。

3.1.4 探究情绪背后的表达

当我们能够觉察和识别情绪、生理反应和行为时，就可以更深入一步，进行内心想法的探究。比如前文中活泼但马虎的悠悠的案例，妈妈觉得悠悠乐于助人、活泼开朗，但又十分头疼悠悠马虎粗心的毛病。在看到悠悠试卷上又一次出现因粗心而导致的错误时，妈妈感知到的情绪是：生气、着急、担忧。她通过聚焦于呼吸，观察自己的状态，她发现自己喉咙发紧、呼吸加快，感觉有一股力量要冲出来。悠悠妈妈通常不会压抑自己的情绪表达，所以下一步她就会大喊：“悠悠！你怎么又这样！”随后开始教育：

“怎么这么粗心！昨天不是刚做过类似的题吗……”

这种情况已经发生过无数次，悠悠妈妈认为自己也尝试过控制情绪，也尝试过先了解情况再解决问题，或是放任不管，让悠悠自己去处理学习问题。但因为悠悠频频犯错，妈妈还是会忍不住发火、唠叨。

这次，我们从感受到情绪和身体反应后这一节点入手，加入一个环节——感知内在自动的想法和潜在信念。如果在悠悠妈妈大喊悠悠之前按下暂停键，并让她说出内心的想法，悠悠妈妈可能会说：“我太生气了，这孩子怎么就不能认真细致地把每道题都做对呢？平时也总是要我提醒，只要我不说，她就想不到。考试的时候我也不可能跟着她啊，这就又错了。”

根据这段话，我们可以看到，悠悠妈妈认为孩子应该认真细致，应该尽可能把每道题做对，应该自己有意识地规避错误，而不是等着妈妈提醒，并且她认定悠悠就是无法在没有妈妈提醒的情况下不犯错。这些想法与悠悠实际的表现之间是有一定差距的，这就引发了妈妈生气、着急、担忧的情绪。

那妈妈的这三个情绪背后，还有怎样的想法呢？悠悠妈妈可能会说：“我昨天刚给她讲过一次这个题，今天考试又错了，我感觉我的努力白费了，所以我很生气。孩子已经形成了这种行为模式，就是反复犯之前已经犯过的错。我觉得每次我必须严肃地教育她，让她尽快改，否则她一直这样怎么办？这也是我又着急又担忧的地方。现在我还能教育她帮助她，如果以后走上社会她还这样，我总有帮不了她的一天啊。”

这里妈妈的内在想法体现出了她的委屈和担心，可以理解，妈妈有自己的情绪，作为妈妈也有育儿的责任。这些想法在妈妈看到试卷上又一次出现的错误时就一齐涌上来，她短时间内无法承接和处理如此多的压力，便会出现情绪激动、向孩子发火的情况。

当我们这样深入地探究内心想法后，我们会发现这些想法大部分都和卷子上的错题无关，更多的是由此引发的妈妈对女儿的期待和担忧。妈妈期望的目标，如习惯“粗心”的女儿能变得认真细致，可以吃一堑长一智、不要重复犯错，自己的每一次努力都能得到回报，以及悠悠可以预判问题、提前规避等，都是美好的愿望，但并不一定会 100% 实现。如果将这些愿望设立为目标，需要拆分成更小的目标和步骤，让悠悠逐步学习。

因此，当妈妈可以区分自己的情绪和想法、区分想法和现实、区分自己的期待和孩子的实际情况不同时，会减少很多内在积压的情绪，也能有效缓解暴躁情绪爆发的情况。

这里，我为大家提供一个小工具，帮助你在亲子冲突时观察和分析自己的内在反应，记录引发情境和自己对情境的应对行为。

事件记录表				
情境（外部事件、刺激）	生理反应（表情、身体变化）	情绪（情绪词汇）	想法（内心想法、信念）	行为（具体举措、动作）
昨天讲过的题，女儿考试又出错	喉咙发紧、呼吸加快，身体发热	生气、着急、担忧	希望她不再粗心，可以有意识改正	想要大喊，但是回到卧室去冷静了
……	……	……	……	……

刚开始运用这个表格时，不要为了美化表格而强行压抑情绪，而要进行客观的记录和事后分析，不需要额外批判自己，毕竟我们的情绪反应也是长期习惯形成的，并不能在一朝一夕就有突破性的重大变化。但当我们持续地进行记录并深入地分析想法时，我们慢慢就会看到自己常见的思维模式，这个书写过程也是我们发泄情绪的一个出口。

接下来，我们会有针对性地对想法进行干预。当我们内在的信念发生变化时，我们看待事物的视角也就转变了，这也是我们通往真正的内心平和的道路上最关键的一步。

3.2 改变负面思维模式

前文提到了认知重评策略，我们可以通过调整常见的错误信念来实现思维模式的转变。思维模式的改变不是一朝一夕就可以完成的，但觉察到它们的存在，是我们深层改变的开始。在这一节我会分析九种常见的错误思维模式，这些模式在我们的实际生活中以各种形式出现，但本质都是一样的。当这些错误信念逐渐松动时，你会发现你的思维和情绪开始发生变化。

3.2.1 “灾难化”思维模式

我们会爆发急躁的、愤怒的情绪，很多时候是因为我们的自动思维直接进入了最糟糕的预期，负性地或消极地预测未来，而不考虑其他可能的好结局。也就是说，这时，我们将事情的后果灾难化，认为将来肯定会发生糟糕的事情，并且自己也无法承受。

请看这种思维模式下的一些常见表达：

完蛋了/完了，（因为一个小步骤的失误）一切都毁了；

我肯定做不好，我注定会失败；

孩子继续这样，将来会一事无成；

失去了这次机会，这辈子就没什么指望了；

……

如果这些句子中有你感到熟悉的表达，你或许就要觉察自己是否有“灾难化”思维模式。在这样的自动思维模式下，我们会很容易将注意力聚焦于糟糕、负面、消极的信息上，难以看到积极正向的信息，由此产生很多糟糕的情绪体验，如过度焦虑、急躁、恐慌等，也会不自觉地否定、打击身边的人，特别是将孩子的思维也带入灾难化模式中。感到不适的人会选择远离我们，而身边的环境也可能在糟糕的心态下变得不利，长此以往，就会在自己身边形成负向循环。

很多家长对孩子的失误或小错误爆发过度的焦虑和急躁情绪，他们认为，孩子不改掉这一点，就会影响学习进度、个人能力、好前途和好未来。当然，我们的确需要对风险有所预判和准备，但灾难化思维并非基于真实现实，而是头脑中过度消极的念头。

因此，改变这一思维的首要步骤就是寻求事实依据。我们可以用陈述性的描述代替头脑中“灾难化”的表达。例如，下面这句是“灾难化”的表达方式：

“你看看你这个样子，你还能考得上好大学吗？”

改为陈述性的表达之后就变成了：“我的孩子这次考试又做错了一道讲过的题（描述事实）。他屡次犯这样的错误，他不可能考上好大学了。”

调整表述之后我们可以看出，得出最后这个结论的过程是不连贯的。有学习困难或错误，并不能推导出考不上好大学。而最后的结论也无益于学习问题的解决，只能给孩子传递一种恐慌情绪。传递这样的情绪，多是由于我们推断孩子的学习问题是态度上不重视导致的，但实际的原因可能是多方面的。如果是因为孩子能力欠缺、方法不得当，家长的这种回应态度反而更打击孩子的学业信心，造成新的学习问题。

3.2.2 “高标准”思维模式

这也是一种极易引起情绪激动甚至崩溃的思维困境。在这一自动思维模式下，我们会有一套自己设定好的、标准很高的行为处事准则。由于期待过高，标准严苛，这些准则在现实中难以执行，或者根本无法实现。这一自动思维中最常出现的表述就是“必须”“应该”，在应对具体事件时，不是根据事情本身的情况来解释，而是从事情“应该”是怎样的角度出发。

请看这种思维模式下的一些常见表达：

我应该提前规划，做到万无一失；

我应该做得很好，结果就做成这样；

必须这样做，这是规矩；

这次必须成功；

这个年纪就应该好好读书 / 考大学 / 听话……

懊悔于“我不该做这件事 / 不该说这样的话”；

……

这种思维模式与我们常说的严格要求、严于律己很相似，很多时候，在考试、评比、比赛等情况下，我们尤其容易受到这种思维模式的影响。严格要求、高标准是我们可以追求的目标，但不一定是我们的能力能够达到的。尤其是当自身情况不佳、心理压力过大时，这一思维可能已经不再适用，反而会影响我们正常水平的发挥。这时，我们需要灵活地调整标准，持续改进，而不是因为自己没达到标准而加倍自责。

在育儿过程中，我们也常常用这样的思维教育孩子积极向上、努力进取，甚至进入一些“激励”的误区，不给予孩子肯定，只一味地提高要求和标准，即使孩子考到99分，也只关注丢失的那一分；即使孩子考到第一名，也不忘提醒孩子谦虚、不要自满，要继续努力保持……诸如此类的教育方式背后都有对错误、差、不够优秀的妖魔化和贬低，似乎孩子稍一松懈，就会落入万丈深渊。

实际上我们的能力是相对稳定的。提升能力很难，但也不存在一夜之间就能力丧失。因此，只要孩子在整体方向上足够积极正向，过程中有波动是十分正常的。期待或目标的设定要依据孩子的实际能力，设定“蹦一蹦就能够到”的小目标更符合孩子的成长规律，也更利于孩子身心健康和能力发展。

3.2.3 “全或无”思维模式

这也是被称为“非黑即白”的一种极端消极思维模式，在这种思维模式下，人会用非此即彼或极端的方式看待问题，即只看到某一情形的两个极端情况，看不到其中间状态；只看到黑色和白色，完全忽略其间的灰色地带。如果事情的发展有一点不完美，便会觉得是百分之百的失败；如果自己在某一方面被他人否定，那就是全盘否定自己。

请看这种思维模式下的一些常见表达：

如果我没有做好这件事，我就是一个失败者；

我没有退路，只能一条路走到黑；

除此之外别无他法；

（运动 / 上课 / 晨读）一次中断，就再也不想去了；

要么不做，要做就做到最好；

……

在这一思维的主导下，人往往会出现较为极端、偏激的言论和行为方式，这是因为陷入这一思维模式的人无法从连续、动态或多维的角度去看待问题。单一、偏激的视角下，人们往往会抱着完美、毫无瑕疵的期待或标准，也会以此去要求自己和身边人，而这其实是很难达到的。于是，美好的幻想破灭后，就会直接转为糟糕破碎的后果，并感到绝望。这种情绪也会传递给身边人，形成“非黑即白”的极端氛围。

在养育孩子的过程中，具有“非黑即白”思维模式的家长也会不自觉地这样要求孩子，或是在孩子面前这样对待自己，从而让孩子习得这一信念。很多孩子会经历这样的对待：要严格按照标准行事，要么就别做；一次考试没考好，就会被评价为“失败者”“搞砸了”；只有做到完美才会得到表扬和肯定，但很难做到，所以经常被批评和贬低；或是很焦虑地对待即将发生的事情，即使是一件很简单的小事，也会过于恐慌自己会搞砸……

在这样高压的期待和要求下，孩子会非常焦虑、恐慌，即便是一件非常小的事情，也会过于担忧自己会搞砸，无法专注于提升能力、改善境况，只得在恐惧驱动下硬着头皮完成任务，更不要提动态、多维的观察视角和应对思路。然而，生活的标准、行事的规范其实都是连续多层的，每一层都有其合理性和适应性。孩子可以早起晨读，也可以傍晚学习，还有许多其他方式可以选择，关键是孩子更适合怎样的方式，哪种方式更适合解决当下的问题。

3.2.4 “以偏概全”思维模式

这种思维模式是指从单一事件中得出一个全面的消极结论的思维模式。有这种思维模式的人只通过单次的个别负面事件，甚至是一次意外、失误，就认定全盘皆输，只专注于自己选取的或看到的个别负面特征，并加以重点关注，无法全面评估整体情况，不能看到其他更多积极的方面。

请看这种思维模式下的一些常见表达：

（一个失误）这次我又要失败了；

每次都这样，总是这样；

你从来都不知道想着别人，太自私了；

这孩子就是调皮捣蛋，从来不听话；

你做事一点计划性都没有，总是乱七八糟的；

这点小事都做不好，你还能干什么；

……

拥有“以偏概全”思维模式的人倾向于用看到消极负面的情况来指代全部。陷入这种思维中的人常用的表述是“总是、从来都 / 不、一直、全都是”，似乎眼前的糟糕的情况就是所有的可能了，完全不存在例外。这无形中拒绝了其他可能性，可能否定了他人的努力和价值，也忽视了他人或自己的成就。

育儿中的一种常见情况是有些父母会替自己的孩子“自谦”。当亲朋、老师或陌生人夸奖自己的孩子时，有些父母怕孩子骄傲，或是怕他人嫉妒，于是否定对方的夸奖，主动暴露孩子的缺点，以平衡对方的夸奖，似乎承认自己的孩子优秀、有优点是危险的，不利于孩子的继续发展。但对于孩子来说，这些夸奖还远没有到能够让他们骄傲自满的程度，反而是父母的否定让他们无法形成正确的自我认知；持续感受到来自至亲的否定，也会让孩子习得自我怀疑和否定，不敢认可自己。

调整这种思维模式需要有意识地觉察：自己得出这样有些偏颇的结论，到底是自己情绪激动下的气话，还是对方真实的一贯做法；是你已经经过无数次检验得到的真理，还是又一次失望后内心的抱怨？这样的反思不是为了批判自己，而是让自己有意识地暂停，换个思路和视角。如果你还是感到十分受伤，也不必自责，接下来可以更加专注于自己受伤的情绪感受，进行自我关怀；如果你意识到这样想有点偏激，就可以试着转换视角，跳出这种思维误区。

3.2.5 “读心术”思维模式

处于这种思维模式中时，人会不自觉地在缺少证据支撑的情况下做出解释，并且往往是消极的推断和决定。即使没有任何事实支持该想法和结论，或是只有一个细微的倾向或线索，陷入这种思维模式的人仍然像拥有“读心术”一样妄下结论。

请看这种思维模式下的一些常见表达：

他一定不服我，找机会就要反抗我；

他就是贪玩 / 懒 / 不思进取 / 不爱学习；

（看一眼发现对方不高兴）我已经得罪他了；
你永远都改不了这个毛病；
你这样下去将来肯定没出息；
……

这种思维模式会让人进行过度推测和判断，缺乏直接证据，但由于推断者受到内心情绪（愤怒、恐惧、厌恶等）的影响，会将内心想法认定为事实，直接得出结论，并以此为指导付诸行动。例如，他们可能会用言语或行为攻击或反抗，或是消极回避、逃离等，做出让他人无法理解的言行，对方也常常感到被误解和被污蔑。

在亲子互动中，孩子可能在家长“读心术”一般的妄下结论中，时常感受到不被理解，甚至被误解、被污蔑。家长并未深入与孩子沟通，就根据自己的理解对孩子做出消极负面的判断，比如认为孩子贪玩 / 懒 / 不思进取 / 不爱学习等，但孩子可能另有原因，或只是单次事件。直接被家长贴上这样的负面标签，孩子很可能会愤怒不满，采取反抗或攻击行为，此时又可能被家长进一步认为是不懂事，是“坏孩子”，导致亲子关系出现裂痕。

如果你觉得自己也有这种“读心术”思维模式，一方面，你可以从结论反推，当觉察到自己得出一个结论时，可以回过头来观察一下具体的事实表现。比如，你认为孩子不思进取，那么孩子是否在学习、兴趣爱好、人际交往、参与家庭生活、体现个人能力的活动等各个方面都是不思进取的？或许你会发现很多不支持这个结论的证据。另一方面，在得出或认定结论之前，你还可以有意识地搜集更多的信息，有意识地提醒自己观察要客观，不能只收集支持自己观点的信息，而忽略与自己的观点不一致或相反的信息。经过一段时间，或许你会觉察到自己的思考方式开始有所转变。

3.2.6 “放大镜”思维模式

处于这一思维模式中的人仿佛是戴着透镜在观察，会习惯性地放大负面，缩小正面，即过分夸大负面事件的重要性，着重关注问题、缺点，而低估正面事件的重要性、好处和优势。

请看这种思维模式下的一些常见表达：

数学考试错了一道题，我肯定学不好这门课了；

就拿个第三名，有什么用呢？……

画画得好又怎么样，又没获奖；

又贪玩 / 熬夜 / 花钱 / 折腾，你就知道玩 / 吃 / 犯懒；

你怎么一点儿都不上进 / 努力 / 认真 / 懂事……

……

这一思维模式与有些家长“预防孩子骄傲”的做法类似，可能源自家长育儿中的压力或焦虑，或是家长将自己的孩子和他人比较后产生的受挫情绪，很可能也与深层的自卑、低自尊和低自我价值感有关。但无论是哪种原因，这种思维模式都会过分忽略、贬低个体的优势价值，而过分夸大、关注个体的劣势和缺点，使事实被有偏见的观点所扭曲，造成痛苦的情绪感受，损害个体的自我认识和体验。

有一种与此类似，但更积极的思维方式——防御性悲观。这与只看到事物消极的、负面的情况，进行过于悲观的预测和绝望的消极对抗不同，是一种带有积极建设性质的“悲观”。心理学研究发现，悲观的人比乐观的人在经济决策、风险投资上的收益更多、损失更少，他们不会因为盲目乐观而进行过高期待、采取高风险行为，能够提前规避一些风险。因此，有很多防御性悲观者看似格外关注事物的负面情况，其实是基于事实排除风险和威胁。

因此，关注消极的、负面的、劣势的这个视角本身没有问题，关键是如何恰当地使用这一视角进行决策。无论是生活、工作，还是教育孩子，有意识地提升自己觉察情绪、观察事实的能力，都有助于调整思维偏差、提高心理健康水平，提升整体生活质量。

3.2.7“习惯性贬低”思维模式

在“习惯性贬低”这一思维模式中，人会将自己或他人看作坏事的起因，常常无缘无故地批评自己或身边人，有时甚至会用非常负面的词汇给自己或他人贴上难听的、有损人格的标签。

请看这种思维模式下的一些常见表达：

（失误）我是又蠢又懒、什么也做不好的废物；

你怎么这么笨 / 不懂事 / 自私；

你看看别人，你再看看你自己；

你怎么不知道心疼人 / 为别人着想呢；

你太敏感了 / 你怎么这么纠结 / 你行不行啊；

……

父母如果经常对孩子进行这样的打击，很容易导致孩子低自尊，也就是自卑、缺乏自信、胆怯退缩、自我怀疑和自我设限。孩子从小认识世界，主要就是通过父母这面镜子来确认和判断的。父母作为孩子的重要他人，如果一直告诉孩子这样做不好、不对，即使孩子本来感觉很舒适，也很可能会改变自己的看法，转而认同并接受父母的判断。这样，孩子会内化出一个不断自我批判、自我贬低的声音。

这种思维模式还会产生代际传承：那些从小遭受打击和否定的孩子，在成为父母后也可能会不自觉地继续打压自己的孩子，不自觉地将内化的那个批判的声音施加到自己和孩子身上，依然在无意识中伤害自己的孩子。当然，这并不是所有家长的情况，有很多父母已经意识到了这个问题，并努力改善自己的养育方式。

因此，觉察到这些自我贬低与批评的声音的存在，是调整的第一步。最开始可能会十分痛苦，因为无法相信自己是好的、有价值的、值得被爱的。同样，有的父母可能也无法认同孩子是好的、有价值的，无法给予孩子真诚的爱。除了常见的照镜子鼓励、夸奖自己、找自己的优点外，还有一个更能“治本”但漫长的途径，就是看见并接纳真实的自己。即使自己不够好，那也是自己真实的样子，依然可以享受生活、有说有笑，活出独属于自己的样子。

3.2.8 否定“肯定”的思维模式

这种思维模式专门打击积极的感受和体验，包括成就、成功的体验、获得荣誉、获得褒奖等。对于这些正面的体验，打击者会坚持说“这不算什么”，一概否定，只为被打击者留下负面的反思，不敢享受自己的成就。否定“肯定”的思维模式抽走了生活中的快乐和满足，只留下自卑和低价值感。

一些常见的表达：

高兴得太早了；

这有什么了不起的；

这只是一次偶然的成功，算不了什么；

别骄傲，你还有很多不足的地方；

你还可以做得更好；
这算什么，我还看过 ××× 做得更好；
这就满足了？
……

这种思维模式下的表述是十分打击人的，背后潜在的信念可能是担心对方骄傲，或是希望对方不要自满、要继续努力，也有可能是自卑心理作祟。生活中我们常常听到一些教育我们不要骄傲自满的警句，如“满招损，谦受益”“骄兵必败”等，又如我们熟知的“谦虚使人进步，骄傲使人落后”。这些告诫人们保持谦逊的警句，在实际应用中常被误用为不能认可、表扬他人，过度地打击人的积极表现，反而无益于个体能力的展现。

有这样思维模式的家长内心的初衷可能是：我不能表扬孩子，如果他因此骄傲自满、止步不前，我就是害了他；又或者，孩子春风得意的样子如果引起别人的嫉妒就糟糕了，我得让孩子冷静一下……家长的这些担忧不无道理，大多也都是出于保护孩子、教育孩子的本心。但他们没有考虑到，忽视实际情况的过分打压并不是在帮助孩子学习谦虚，反而是在损害孩子的自尊心和自我价值感，让孩子陷入自我怀疑和否定，即使他们已经足够优秀，但仍然不敢认可自己，仍会不断自我批判和苛责，陷入痛苦中。想转变这种思维，可以从认可自己的优秀表现和成就开始。家长如果无法为自己做得好的地方自豪、鼓掌，自然也无法接受孩子为他的成就感到骄傲。我们不会苛责朋友家的孩子，反而更愿意送上夸奖和鼓励，为什么对自己的孩子却无法真诚地夸奖和鼓励呢？只要孩子比之前有所进步，就值得认可。这种认可并不是在说“你已经好到什么都不用再做了”，而是在说“你做得真好，你通过努力比之前做得更好了。这很厉害，你真棒，我为你高兴，让我们共同享受这份喜悦！”

3.2.9 “独揽责”思维模式

当一些不理想的事情发生时，拥有这种思维模式的人往往会主动承担并不属于自己的责任，将意外、他人因素等都认为是自己的错，从而形成了“罪责归己”的自动思维模式。这种思维方式会导致过度的自我责备和内疚感。

这种思维模式下的一些常见表达：

孩子犯错我有不可推卸的责任，都怪我没有多说一句；

是我做得不好，都怪我，都是我的错；

要不是因为你，我早就过上好日子了；

都怪你，都是你不好，都是你的错；

我这样还不都是为了你；

要不是因为你，我会这么辛苦吗？

……

我们之所以会把一个自己或他人无法完全控制的事件所产生的后果全怪到自己头上，部分原因是我们有受创伤的情绪体验，强烈的痛苦情绪使我们无法理性地看待问题并进行合理的责任划分。然而，这种片面的责任归咎方式容易让人陷入狭隘的视角，无法全面客观地看待问题。它可能使个体忽视自身的优点和努力，一味地自责和悔恨。

在亲子关系中，父母如果惯用“罪责归己”，孩子有可能在父母的过度自责中也模仿习得自责、自罪，也可能在父母的自责中逃避自己的责任，形成纵容自己的模式。无论是哪种情况，都会对孩子的自尊、自我价值感、自我评价体系，以及人际关系等方面造成伤害和破坏。

“罪责归己”这种思维模式之下，有一种“自恋”的潜在态度，认为无论是意外还是外界环境，又或是其他人的言行，都是因为“我”的因素才造成了最终糟糕的后果。但一个事件的客观成因是复杂且多方面的，因此，在心理层面，一个个体很难完全为一件事情的成败承担全部责任。如果你已经觉察到自己有这种自动思维模式，请暂停一下，看一看实际情况，分析一下客观因素的占比，或许能减轻由此带来的自责情绪。

3.3 寻找内心的平和宁静

3.3.1 认识并接纳自己的情绪

还记得前面提到过的四种基本情绪和一些复合情绪吗？这些情绪都是我们对遇到的情绪信号或刺激的反应，它们都是我们头脑中的正常反应，无所谓好坏、对错。但我们可能会用偏激、压抑、回避等不合理的方式应对这些情绪，使得它们无法从正常的情绪通路中排解出去，反而越积压、越棘手。

我们希望自己情绪稳定，做一个能够管理自己情绪的人，而不是被情绪牵着鼻子走的奴隶。但往往我们越想要控制糟糕的情绪，就越可能事与愿违。当情绪涌上心头，我们感受到生理心理并发的强烈情绪时，很难强行让自己冷静。很多孩子也是如此。我们该如何管理自己的情绪呢？能否通过自我调适，从情绪崩溃、爆发的状态，调整为情绪稳定、冷静平和的状态呢？

首先，我们要澄清几个误区。

误区一：情绪稳定就是没有情绪波动。

很多人可能认为情绪稳定就是一直保持冷静和理智，但实际上，这是一个误区，也是一种不切实际的过高要求。情绪稳定并不意味着人没有情绪，而是一个人能够在情绪产生时，理性地看待和处理它们。

误区二：情绪稳定的人不会有负面情绪。

每个人都会经历各种情绪，包括悲伤、愤怒、恐惧和焦虑等，前面曾详细分析过这些消极情绪的积极价值，它们的存在是为了保护我们整个机体顺利存活下去。关键在于如何应对这些情绪，而不是回避它们。

误区三：情绪稳定就是压抑情绪。

当我们在压抑情绪时，即使没有用语言表达出来，也会通过身体姿态、表情、整体状态等信息，让他人接收到“你有情绪”的信号。强行压抑情绪，反而容易让人际关系互动变得奇怪，进而增加隐性的冲突。

情绪稳定指的是一个人在面对各种情况时，都能够较好地控制和管理自己的情绪，不被情绪左右，做出过激、不当甚至违法的事情，避免情绪的过度波动对自己和他人产生不良影响。情绪稳定的人懂得识别和理解自己的情绪，并能恰当地表达出来。他们也熟知如何在情绪激动时采取适当的措施来使自己平静，比如深呼吸、暂时远离产生激动情绪的场景或寻求支持等。

接下来，我们会着重讲解如何获得并维持平静的情绪。

3.3.2 探索合理的情绪表达

平静的情绪不一定是我们刻意追求来的一种状态，更像是一种

“空杯”状态，即当我们没有激动的情绪，没有繁杂的思绪时，我们能感受到的一种清明、安宁、舒展而放松的状态。每个人对平和放松的状态都可能有不同的感受，但大体可以归纳为以下共通点，你也可以根据自己的真实体验进行调整。

3.3.2.1 没有内耗

平静并不意味着内心没有杂念、烦恼或纠结，就像情绪稳定也不是内心没有波澜，而是不会持续耗在这些杂念里。当我们内心涌起这些杂念或烦恼时（比如前面提到的一些带来糟糕体验的自动化思维），我们可以不被这些思维左右，不会陷入自责、自罪或自我贬损的痛苦感受中无法自拔，也不会因为急于想要摆脱这些糟糕的自动思维、批判的声音，而强行压抑或是扭转，反而导致一种新的自我攻击的声音：“我怎么又这样说自己呢”“我不应该再说这些话”“我就是改不了苛责自己”……这时两种对抗的声音在头脑中打架，也无益于改善情况，反而使人进入了内耗状态，在自我相互对抗、纠结和拉扯的思绪中，消耗了大量的时间和精力，产生更糟糕的受挫感和自责感，从而不断陷入批判和痛苦的恶性循环。

当我们不被糟糕情绪裹挟、不再自我内耗时，我们就能够及时觉察到自己头脑中产生的念头或烦恼。正如前面提到过的河流中的树叶，我们会因为树叶而产生情绪上的波动和涟漪，但不会阻断河水流动。当我们感受到水面上的涟漪，也就是自己的情绪波动时，我们不急于将叶子捡起来扔掉，也不必执着地揪住不放，而是可以从其他视角客观地观察，旁观这片让我不喜欢、不舒服的叶子，看着它随着水流逐渐远去，直至消失在视线中。对应我们头脑中的反应就是，捕捉到这个念头或烦恼，然后静静地看一会儿，不批判，也不留恋，过一会儿，这个念头就会越来越模糊，直到从头脑中远去。然后，我们的情绪就如同水面一般，涟漪消散，重新归于平静。

3.3.2.2 没有偏执

不偏执并不是要我们不再追求自己需要和渴望的，不再有长久的坚持和执着，而是要放下执念。很多烦恼源自我们试图控制但未果的事物。我们有渴望实现的事情，可以尽自己的努力去实现，但如果客观的因素的确无法支持我们得到，我们仍要强求这些因素因自己的意志所改变，或是将美好的期待当作自己本应该得到的，得不到就不能接受，就会体会到偏执带来的痛苦体验。

很多时候，我们需要接受客观事物的发展不为个体的意志所转移。当我们过度地想要改造自己、他人和环境时，就容易将头脑中的想象套入现实生活，越想控制，越抓不住，从而不断遭受失败或挫折，陷入深深的痛苦之中。

当我们可以放下自己的偏执和妄想时，就能够依据现实中的真实情况做出恰当的反应和判断，也不会被不同价值观带来的观念所冲击和恐吓，或是激起攻击性。内心没有负担，就能体验到内心的平静安宁。

3.3.2.3 保持开放

正如前面提到的唯一与多元的概念辨析，当我们保持开放的心态，接纳不同价值观体系下的观点，接纳不同角度、甚至互相矛盾的观点时，我们焦虑、混乱的情绪会减轻很多。

但这并不容易做到，实现的关键在于我们拥有足够稳定的自我价值体系和自我评价标准，不会因为外界的评价和声音而感到受伤或崩溃，也不会由此被激起反驳的冲动、攻击性的言行，或是陷入争个孰是孰非的二元对立冲突中，他人不同的声音不足以动摇自己的情绪根基。而一旦我们建立起了这种开放的心态，一方面，我们能开放、包容地了解每一种态度和观念，有选择地进行吸纳，能够明确哪些信息对自己无用甚至有害，内心的坚定会帮助我们不接收这些混淆的刺激；另一方面，我们也可以接受新思想、新观点的启发，得到不同于自己当下价值体系的新视角，帮助我们更全面深刻地看待原有问题，持续进行自我提升和成长。

3.3.3 温柔而坚定的表达

当我们的内心不再有挣扎和纠缠时，我们自然就可以平和地、不带攻击和评判地表达自己的情绪，而不是发泄、压抑情绪或假装理性。我们可以尝试以下思路，逐步练习如何基于事实表达情绪，同时温柔而坚定地传递信息。

首先，我们需要识别并命名自己当下的情绪反应。我们已经学习了四种基本情绪和一些复合情绪，了解了精细分辨各种情绪粒度的思路。在真实生活中，我们往往会有混杂的、多层次的情绪感受。例如孩子拒绝我们的一个提议，我们会感受到被拒绝的生气、不满和烦躁，还会产生棘手、不知所措的无力感，还可能有自尊受损的挫败感……如果我们在情绪爆发前和过程中，哪怕是在情绪爆发后，意识到自己存在这些丰富且深刻的情绪感受，我们就能深刻地理解自己的反应，从而可以选择合适的方式来表达这些内在情绪。

其次，我们可以用“陈述事实 + 表达感受”的方式，向对方呈现自己的情绪和想法。这一步沟通是建立在上一步觉察并命名了自己情绪感受的基础上的。但这里与向别人倾吐情绪的不同是，面对孩子时，我们并不会一股脑地把自己委屈或痛苦的情绪感受全都倾倒给孩子，而是自行消化处理掉激烈的部分后，较平和地和孩子协商，尝试和孩子在相互理解的基础上达成一致的目标和行动。例如，我们希望孩子今天不出去玩，在家收拾东西，可以告诉孩子：家里有很多家务，这些事情大多是妈妈做的，妈妈也会感觉到累，当事情越堆越多，妈妈也会感觉烦躁和焦虑。我想邀请你和我一起分担家务，如果早点收拾完还有时间，咱们就可以一起出去玩。当然这只是一个示范，你可以根据实际情况进行调整。

在这些过程中，任何时候你感觉到自己或对方的情绪过于激动时，别忘了按下暂停键，暂时中断对话。你可以采用以下表达。

我现在感觉不舒服，需要离开冷静一下，我们可以一会儿再谈。

我现在需要独处调整一下情绪，我们改天再聊。

我感觉你现在情绪过于激动了，你可以先自己平复一会儿。

然后就可以离开引发情绪爆炸的环境，换个地方进行情绪的疏导和处理。你可以使用自己喜欢和擅长的方式，也可以尝试新方法。这里我为你提供几种思路。

- **宣泄表达类：** 在纸上书写、涂鸦，向亲友倾诉，写日记、写信，哭泣，击打枕头或被子，到空旷的地方大喊……
- **体力运动类：** 拳击、跑步、骑行、球类运动、合作类运动……
- **艺术类：** 绘画、舞蹈、写作、看电影、听歌、唱歌……
- **生活类：** 打扫卫生、做饭、陪伴或照顾宠物、洗澡、剪头发……

下一节我们来了解心理层面调节情绪的练习方法。

3.3.4 建立情绪通道、定期练习

如果你觉得常见的情绪调节方法效果有限，或是觉得常用的方法只是转移注意力、无法真正缓解糟糕的情绪，又或是希望提高自己的情绪控制力、定期体验平静感受，可以尝试经常进行以下情绪舒缓技术的练习。

3.3.4.1 构建自己的情绪安全岛

构建安全岛是一种心理稳定技术，可以通过想象来改善自己的情绪。安全岛，简单地理解，就是一个自己感觉最安全、最舒适的地方，这个地方可以是虚构的，比如想象中的城堡、云朵、落叶丛中等，也可以是家中的沙发、床，户外的丛林、沙滩等曾经让自己安心惬意的地方。当你感到压力时，可以不断地回想自己身处安全岛时舒缓、平静的心情，想象自己处在一个保护性的、充满爱意的、安全的地方。

通过这种想象练习，焦虑等糟糕情绪可以得到一定程度的缓解。你可以将下面的指导语录制成音频，定期播放练习。

▶ 请开始：

现在放松身体，尽量让自己感觉舒服，想象内心世界有一块安全的空间，在这里，你能感受到绝对的安全和舒适。它可以在你的附近，也可以离你很远，无论它在这个世界的什么地方，只要让你感到舒服就可以。

这个地方只有你一个人能够进入，你可以随时离开。如果你想要的话，你也可以带上一些你需要的东西陪伴你，比如温暖的、可爱的、可以为你提供帮助的东西。

现在你可以尝试找到或者为自己构建一个神奇、安全、惬意的地方。可以是柔软的草地，你躺在上面，身边开满了五颜六色的花朵；可以是茂密的树林，林中有清脆悦耳的鸟鸣，有美丽的蝴蝶在翩翩飞舞；还可以是静静地流过你身旁的一条小溪，溪水清澈见底，有鱼儿在水里游来游去，温暖的阳光照在你身上，温柔的风拂过你的脸庞，你感到非常舒适、放松，所有的烦恼和压力都离你远去了……

你可能要花上一点时间，找到属于自己的安全岛。如果在寻找安全岛的过程中，出现了不舒服的画面或感受，别太在意，只需告诉自己：现在我只想发现好的画面，处理不舒服的感受可以等到下次再说。现在，你想找一个美好的、舒服的、安全的地方……

没关系，你可以慢慢找，直到这样的安全岛慢慢地在你内心清晰、明确起来。

当你到达自己内心的安全岛时，请你环顾左右，看看是否真的感到非常舒服、非常安全，这是不是一个可以让你感到完全放松、非常惬意，并且绝对安全的地方。

当你确定安全后，请你仔细环顾你的安全岛，仔细看看岛上的一切细节。

你的眼睛看到了什么？你见到的东西让你感到舒服吗？如果感到舒服，就让它留在那里；如果不舒服，就改变它或让它消失，直到你真的觉得很舒服为止……

你可以依次检查一下你听到的声音、闻到的气味、你感受到的温度是否舒服，如果不是，可以按照你的需要进行调整，直到你真的觉得很舒服为止……

把你的小岛布置好了以后，请你仔细体会，你的身体在这样一个安全的地方都有哪些感受？

你看见了什么？听见了什么？你闻到了什么？你的皮肤感觉到了什么？你的肌肉有什么感觉？呼吸怎么样？请你尽量仔细体会现在的感受，这样你就知道，到这个地方的感受是什么样的……

如果你在你的小岛上感觉到绝对安全，就请你设计一个特殊的姿势或动作，只要你摆出这个姿势或者做出这个动作，你就可以随时回到这个安全岛来——这个让你感觉到舒适的地方。比如你可以握拳，或者把手摊开，以后当你一做这个姿势或动作时，你就能快速达到你的内心安全岛。请你保持这个姿势或动作，并全身心地体会一下，在这个安全岛的感受有多么美好……

最后，停止你的这个姿势或动作，平静一下，慢慢地睁开眼睛，回到自己所在的房间，回到现实世界中。

如果你很认真、明确地完成了内心安全岛的构建，在你情绪状况不好的时候就可以使用它了。当你感到伤心、难过、愤怒、焦躁时，可以让自己进入内心的安全岛，重新获得愉悦、平静的心情。

3.3.4.2 冥想训练

专注当下的冥想可以帮助你从思想的执着或拉扯中解绑，或是从焦虑、抑郁、烦躁的情绪中获得舒缓，让你得以专注于当下的事情，提升效率进而收获平和。你可以专注于观察身边的一草一木，感受拂面的微风，专注于行走或跑步，或是品尝食物等。网络上有很多冥想的音频，你可以搜来按照语音提示实践一下，也可以咨询专业人士，在专业人士的指导下进行。

3.3.4.3 呼吸放松

缓慢的呼吸可以减少生理上的兴奋。我们可以通过调节呼吸，向整个身体系统发送平静的信号，获得内心平和。你可以将下页的指导语录制为音频，定期播放练习。

注意在呼吸练习中要使用腹式呼吸，而尽量不要用胸式呼吸。吸气时腹部隆起，呼气时腹部缩回。还不熟悉腹式呼吸时，可以将一只手放于胸前，胸部尽量保持不动，另一只手放于腹部，感受呼吸时腹部的活动。呼吸要深长而缓慢，尽量用鼻而不用口。

成年人正常的静息呼吸频率是每分钟 10 ~ 12 次。你可以计算自己一分钟的呼吸次数，如果超过 12 次，你就需要有意识地在练习中放缓呼吸。

请开始：

请找到一个舒服的姿势坐下，闭上眼睛，把注意力放到呼吸上。

保持平缓的呼吸，然后，把你的手放在肚子上，检查自己是否在用腹部肌肉来驱动你的呼吸，而不是使用胸部。使用腹部肌肉驱动呼吸，可以让我们的呼吸更加深入而平缓，你可以更好地放松身体。

下面请你继续保持腹式呼吸，并跟随我的指导语进行呼吸。首先吸气……然后呼气……吸气……呼气……当你呼气时，放松你的身体，你可以在心里对自己说：放轻松。

就这样，深入而平缓地呼吸。

随后你可以再次进行三分钟的呼吸练习，请注意这三分钟内你的紧张和焦虑感的变化。

在呼吸的过程中，你可能会发现自己的思绪飘向了别的地方。没关系，你只需要意识到这些，然后慢慢地把注意力重新拉回到呼吸上就可以了。你可以在一天中的不同时间进行练习。掌握这个技能可能需要一些时间，但是通过练习，它会变得越来越容易。

第 4 章

和谐亲子关系养成计划

当我们已经从自身出发，深入了解了愤怒的情绪如何产生、疏导和调控后，就可以进入亲子教育环节了。本章我们将着重讲解亲子关系的改善和培养方法。

4.1 建立多元的社会支持系统

养育孩子是一个长期的、消耗时间、精力和金钱等资源的大工程，并不是妈妈一个人的事情。如今社会家庭单元越来越小，养育孩子的挑战日益增加。因此，养育孩子需要多方资源的协助。

4.1.1 依靠家庭的力量

与孩子调动起家庭内部的养育力量，营造健康的家庭环境，对孩子的成长至关重要。有血缘和亲缘关系的家族是可以最先提供充足支持的。

4.1.1.1 “另一半”的参与

孩子原生家庭中的育儿力量是最需要参与进来并承担有效任务的，而爸爸的参与尤为关键。许多爸爸在家庭生活和育儿任务中缺席，其背后原因很复杂。首先，许多年来，大多数家庭都是女性主要负责家庭事务，包括越来越繁重的育儿工作，很多爸爸不够了解也并未意识到自己需要分担一部分。

也有一些新手爸爸想要主动分担，但由于养育知识的匮乏，在实际养育中受到妈妈的嫌弃和冷落，产生自责、无力的感受，于是采取回避冲突的自保方式。结果，育儿的重担还是落到妈妈身上，这反而引发了妈妈新的抱怨、指责甚至怨恨，进而加重父亲的逃离和缺席，导致恶性循环愈演愈烈。

此外，有部分父亲逃避或拒绝承担家庭责任，在安排和完成家务、陪伴孩子、照顾生活起居等诸多方面是缺席的。

也有许多小家庭中，爸爸是主要的家务承担者、孩子照顾者，而妈妈处于缺席、逃避的情形；或是夫妻离异，一方缺席；或是完全交由祖辈，父母均缺席等。

无论何种情况，养育者都应尽到抚养职责，更应依照孩子的实际身心需要提供养育保障。

4.1.1.2 祖辈参与

对于双职工家庭，育儿的重担有很大一部分落在了祖辈的身上。在公共托幼机构资源有限、父母工作繁忙的情况下，祖辈参与育儿成了一种必然的趋势。当然，也存在依靠兄弟姐妹、亲属友人的协助等情况。

祖辈可能会从经济财物、教养经验、情感支持、抚育陪伴时间、生活阅历和智慧等多方面为育儿提供指导和帮助，极大地缓解了年轻父母照顾孩子的压力，减轻了育儿困难；双方也在这一过程中建立起深厚的亲密关系，增进彼此的沟通和联系，从而为孩子的健康成长提供良好的家庭氛围。

不过，由于两代人生活环境、自身经历、生活习惯等的不同，祖辈与年轻父母在育儿理念上存在分歧与矛盾是不可避免的，由此引发两代人之间的冲突，可能会破坏彼此关系、影响家庭和谐。而这种家庭氛围和关系的紧张很可能带给孩子心灵上的伤害。

因此，祖辈和父母之间的育儿合作也是每一个家庭成员应该共同努力的方向。

要充分吸纳家庭的育儿力量，可以从以下几个方面进行努力。

拥有持续学习家庭教育的心态。

即使是家庭教育方面的专家，也不可能了解一个孩子成长中的所有情况、解决所有困难，所以重要的是父母的持续学习。作为家长，我们并不需要成为专家，但可以在陪伴自己的孩子成长的过程中，持续了解相关的知识和方法，遇到问题就想办法解决问题，有余力预防是更好的。可以学习家庭教育的新知识，抽空与家人分享讨论，辨析认识误区或互通有无，了解并尝试家庭教育科学的理念和方法，即使没有条件系统学习，零散学习一些知识点，也会对自身有启发性。

有些父母可能由于自身童年的创伤，想要在养育自己的孩子时尽量修正错误，这是父母对自我创伤进行修复和疗愈的表现。但有时父母可能会陷入自己的视角中，忽视了孩子与自己是不同的个体，会有不同的需求。父母给了孩子最好的，但孩子可能不想要这些。如果家长能够意识到，避免自己原生家庭中的创伤重现，就需要重视孩子的新需求——在不伤害孩子的基础上给予孩子更多精神追求的支持，那家长便能够灵活应对养育中的新挑战。

▶ **形成良性成长的互动关系。**

每一位家庭成员，要在养育孩子的主要理念和大方向上形成共识，而在具体养育的操作中彼此尊重，多沟通协商。成员间可以分享自己的知识和经验，为孩子的教育和成长提供有价值的建议和指导。但应将养育孩子最终的决定权交由父母，父母也应该肩负起对孩子应尽的责任。

面对家庭冲突，我们可以运用前面提到的情绪和想法觉察，尽量避免因情绪发泄而导致破坏式的冲突，多关注问题的成因和解决思路。如果感到理念差异过大，难以沟通协商，适当拉开一些距离、避免冲突也是恰当的处理方式。重点在于家庭内部要形成足够平衡和谐的关系，尊重每个家庭成员的意见和建议，充分发挥各自的特长和优势，形成互补的力量，求同存异、相互支持，共同为孩子的成长助力。

总而言之，充分利用与孩子有血缘和亲缘纽带的家庭和家族的力量，对于孩子的健康成长和全面发展具有重要意义。有了家庭成员之间的合作和支持，孩子就能够在一个温暖、和谐的环境中茁壮成长，迎接未来的挑战。

4.1.2 依靠学校的力量

从孩子进入幼儿园，就开始了家庭和学校合作育儿的互助模式。在这个过程中，各个阶段的学校作为孩子成长的重要场所，具有不可忽视的育儿力量。家长该如何吸纳学校的育儿力量，以促进孩子的全面发展呢？

学校不仅是传授知识的地方，更是培养孩子品德和社交，情感等能力的重要场所。孩子上学后，在学校学习活动的时间越来越长；同时教师作为教育的权威形象，也会使孩子自然而然地对其怀有崇敬的心情。因此，学校和教师是第二大影响孩子健康成长的重要因素。

然而，学校生活也不全是尽如人意的。首先，每一位教师都有其个人特点和能力倾向，加之当前学校升学率的压力大、班级规模较大，以及一些不完善的管理制度等各方面因素，都可能在教育活动中起到反作用，让家长对学校和教师的教育存在一些不理解、不适应，这些都会最终作用于孩子身上。另外，家长和孩子的教师之间的匹配也是尤为重要的因素，双方的教育观念如果冲突过多，也可能会影响孩子的成长。

家长要充分利用学校的育儿力量，可以从以下几个方面进行努力。

▶ 家长需要持续学习育儿知识。

我们在养育孩子的过程中会遇到层出不穷的问题，而学校的核心职能是学科知识的教学，在孩子成长、品格塑造等方面的职责主要还是由家长承担。因此家长需要有意识地持续学习和反思。

▶ 建立良好的家校合作关系。

家长和学校应保持密切沟通，共同关注孩子的成长。家长要积极参与学校组织的活动，了解孩子在学校的表现和需求，与老师建立良好的互动，有效地促进家校合作。

▶ 关注孩子的日常表现。

家长应经常和孩子沟通在学校的情况，了解孩子在学校发生的事情，了解孩子的情感体验，以及对学校、老师、同学等的态度，有问题及时调整，避免积压成更大的问题。

理想状态下，家长、老师、学生和学校管理者应形成一个团体共同经营，共同促成一个对孩子充满关爱的学校环境。

然而，现实中，家校沟通并不总是顺畅的。有些家长对学校的教育方式存有疑虑，而部分学校对家长的意见接纳度不高，可能导致双方关系紧张。同时，由于教师的职业素养和教育水平存在差异，部分家长还需额外关注孩子与老师的关系，以确保孩子在校能获得良好的教育体验。

因此，家校双方应相互理解和体谅，家长体谅老师的工作繁重，老师理解家长育儿的艰辛。通过运用有效的沟通技巧，双方可以形成协作的合力，共同商量、彼此支持。

学校教育是人生中极其重要的阶段，充分利用学校的育儿力量是培养孩子全面发展的关键之一。加强家校合作，充分发挥学校在育儿方面的重要作用，有助于为孩子的健康成长奠定坚实的基础。

4.2 和谐亲子关系的日常实践

本节为大家介绍日常育儿中的主要理念和具体操作方法，帮助大家在反思和实践中掌握更具普适性的育儿方法。

4.2.1 倾听与理解

在与孩子相处时，我们需要给予他们足够的关注和倾听，在了解孩子的基础上去理解孩子的意愿。我们常说“倾听孩子”但很多时候只是听到了，却没有听懂。因此，我们需要学习有效的倾听方式，从而实现对孩子的深入理解。

我们需要尽量避免以下误区。

× 没听完就打断，急于表达自己的观点。

很多时候我们并没有沉下心来认真倾听，这种情况的外在表现就是听孩子说话只是一个动作，在孩子没有说完的时候就急于打断，自以为理解了孩子的意思，或是急于给出自己的见解，想要纠正孩子。这种做法会消磨孩子的倾诉欲，让他们无法感受到自己的话被听到了，久而久之就不想再说了。

× 预设答案或过度解读。

这也是一种常见的错误的倾听方式，家长在听完孩子完整的表述之前就做出了判断，这就可能导致家长只筛选与自己观点一致的信息，而忽略其他内容，从而出现有偏见的倾听和回应。此时孩子是被误解的，内心也是不舒服的。此外，过度地解读孩子的意思，无论是正面的（认为孩子画画时无意弄脏衣服的行为有艺术天赋）还是负面的（孩子的一个失误被认为是故意的），都是对孩子的误解，都会影响亲子沟通的质量。

× 急于给出指导和建议。

有时，孩子的表达只是想倾诉情绪，并不一定是需要家长提供解决方案和建议。但家长可能习惯于看出孩子的问题后立刻指导，并且希望孩子改正他们认为不合适的行为，这不一定是孩子需要的。能够做到忠实倾听，做到孩子不求助时不急于指导和给出个人的建议，是倾听中的一个难点。

我们可以通过以下方式实现高质量的倾听。

√ 倾听时关注孩子的情感需求。

我们不但要听到孩子字面的信息，更要关注孩子表面意思之下的情感需求。例如孩子要爸爸放下手机，不只是希望爸爸执行这个动作，更是在表达“爸爸，我希望你关注我、陪我玩”。因此，如果我们能听到孩子语言背后的渴望、需求，并给予回应，就能够和孩子进行更深入的交流，并且能够得到孩子的认可。

√ 在关键时刻进行有效倾听。

我们并不需要苛求自己每时每刻都放下自我、全神贯注地倾听孩子。我们可以在孩子明显有情感诉求（遭受挫折、体验痛苦）时倾听，或者设定固定的陪伴时刻，如每天的晚饭时间，或是每周的谈心时刻。在无法专注倾听时，也可以向孩子解释："我现在很累 / 很忙，过一会儿再聊好吗？"而不是敷衍孩子。

√ 及时确认、恰当提问。

有时孩子无法清晰地表达出自己的意思，我们没有听懂，这时可以向孩子确认，以便更好地理解孩子在表达什么。在孩子还未说完时，不急于打断。但如果孩子需要你通过提问来明确意思时，你就可以通过提问来进行确认。

√ 尊重孩子的观点，表达理解。

无论是孩子的喜好、困惑还是烦恼，家长都要耐心倾听并尊重他们的感受。通过与孩子进行深入的交流，我们能更好地了解他们的内心世界，帮助他们面对挑战和解决问题。

4.2.2 耐心与尊重

有耐心地陪伴孩子成长并不是一件容易的事情，我们早已过了孩子的年龄，忘记了曾经的想法和困难，我们也承担着很多生活、工作的重压，难免会有着急、不耐烦的时刻。但我们并不需要完全消灭这些时刻，只需要有意识地觉察，让自己像之前练习的觉察情绪和念头一样，及时觉察到自己现在过于急躁了，试着慢下来，耐心地陪伴孩子，尊重孩子的发展。

我们在耐心陪伴和尊重孩子的发展时要尽量避免以下误区。

× 对孩子进行批判和指责。

当孩子犯错时、遇到困难时或走错路时，家长难免会着急，这些也都可能让我们失去耐心，对孩子冷语相向或生气指责。此时需要我们自己处理情绪，而不是向孩子发火，因为破坏关系比维系关系要容易得多。

× 孩子不听就打骂。

这是一种简单粗暴的处理方式，这样并不是在教育、教导孩子，而是利用孩子的恐惧心理来吓住他们。站在孩子的角度，仍然不理解为什么有些事情不能做，孩子只是知道如果我做了，会被父母打骂。因此，孩子可能会因为害怕而暂时不敢做，也可能会想办法回避打骂，导致偷偷做、撒谎、推卸责任等行为。

× 认为孩子什么都不懂。

这也是对孩子的一种认知偏差，这种观点似乎认为对待孩子像对待小动物一样，可以采用很多糊弄的方式，不用认真对待孩子的想法、困扰和兴趣等。但孩子的认知只是尚处于发展阶段，在探索过程中难免出现一些偏差，需要家长时常引导和支持，帮助他们更好地成长。

我们提倡有耐心地对待孩子，可以从以下这些方面让孩子感受到尊重。

√了解孩子的成长规律和心理活动。

有时我们对孩子的发展现状不够了解，认为自己的孩子应该懂得安排好时间或是有能力调控情绪。但孩子处于身心发展过程中，很多方面可能发展不平衡或有所滞后，因此我们一方面需要了解儿童青少年的身心发展规律，构建一个科学的衡量标准；另一方面也要观察孩子的真实表现，了解其当前的水平，两相结合，更好地了解孩子的情况和发展趋势，从而不急不慌、有耐心地对待孩子。

√给孩子时间。

孩子的动作完成不精细、说话表述不恰当或不流畅、行为处事不合理等，都是孩子成长过程中的一种探索和试错。正如我们等待孩子开口叫第一句妈妈、蹒跚踉跄地走第一步一样，我们需要给孩子足够的时间和耐心，等待孩子调整、纠偏，有时我们什么都不需要做，只需要继续生活，静待花开。

√认可孩子的权利。

孩子有权利渴望、有权利幻想，孩子无论多小都有自己的喜好和权利，这本身是没错的。只是现实情况不一定能支持孩子的愿望。家长不必完全纵容孩子，并且需要在很多方面和孩子进行协商。当彼此的观点出现冲突时，家长应该站在孩子的角度了解孩子想要什么，为什么想要，而不是强硬地拒绝和剥夺孩子的权利。

√允许孩子犯错。

孩子难免犯错，有时我们希望帮孩子规避错误、少走弯路，但我们的经验不一定适用于他们。孩子没有经历试错，可能也无法真正成长。因此，有些无法规避的弯路，我们需要陪着孩子一起走一遍。

4.2.3 鼓励与肯定

对孩子的积极品质、良好行为、能力进步等方面进行及时的肯定和鼓励，能帮助孩子建立良好的自尊、形成正向的行为改善机制，持续健康成长。

在这方面，我们要尽量避免以下这些误区。

× 吝惜肯定和鼓励。

有的家长担心孩子会因为夸奖而变得骄傲，于是从不轻易肯定孩子，会给孩子一种被要求、被挑剔的感觉。还有的家长对孩子有过高的期待，希望孩子不断进取提升，同时更倾向于挑剔而不是鼓励。

× 对孩子空洞、过度、虚假地赞美。

很多家长缺乏对孩子具体行为或成绩的认同，只会进行笼统概括地夸奖，如“真聪明”“真棒”，或是明显言过其实，甚至夸奖孩子本不存在的事情。这些都会让孩子感觉到被敷衍，只有表面的虚荣，并没有切实地被看见、被认可。

× 只肯定好的结果，忽视努力的过程。

只在孩子取得了好成绩、好结果时才给予褒奖，如果情况不如意，就算不是孩子不努力造成的，仍然不会给孩子认可。这样做忽视了孩子在过程中的努力，让孩子感觉到过程中的努力不重要，只有取得好结果、达到家长的标准、期待时，才会得到家长或他人的认可，从而歪曲了自我评价标准，认为“我只有优秀才配得到爱”。

× 将孩子与他人比较。

将孩子与他人比较，容易陷入用孩子的缺点与他人的优点进行不公平比较的误区。可能家长希望通过这一方式激起孩子的好胜心，但也很可能让孩子感到受挫和压力。更好的方式是将孩子与他过去的表现相比较。

× 标准不稳定、不统一。

家长可能没有明确自己的标准，于是在教育孩子的过程中出现前后矛盾的情况，使得孩子自己的行为准则和目标也变得混乱、不稳定。这种难以确定的评价标准会让孩子感到迷茫和困惑，从而失去努力的动力。

我们提倡用以下方式对孩子进行鼓励与肯定。

√ 肯定孩子的具体行为表现。

家长可以通过指出孩子具体做了什么值得表扬的事，让孩子感受到被看见，并鼓励他们继续这样做，例如，“你今天自己整理了书包，真的很棒！”“你能主动和老师解释情况，承认错误，妈妈很为你骄傲。”

√ 描述事实加内心感受。

在肯定孩子时，可以描述事件或行为本身，然后再加上你对此事的感受和赞赏。例如：“我看见你帮助妹妹整理玩具，我感到非常欣慰，你真是个贴心的哥哥。”这能给孩子传递真诚的被认可的感受。

√ 认可努力重于结果。

家长要鼓励孩子在过程中努力投入，而不只是关注最终的结果。如：“你花了很多时间准备比赛，认真练习。虽然你没得第一，但我看出你进步很大，这份努力和坚持更加难得。你是好样的！”

√ 肯定内在品质和动机。

家长要关注并赞扬孩子的性格特质、动机和态度。如：“你主动承担家务，这显示了你的责任心，我很为你骄傲。”“妈妈明白你是希望给我们帮忙，但是不小心把东西弄坏了。没关系，我还是很开心你想着我，想替我分担，谢谢你。”

√ 鼓励情绪体验和正向的表达。

当孩子有情绪时，家长应该主动理解和接纳他们的情绪；在孩子进行合理的情绪调节和表达时，更应该积极肯定和鼓励孩子。家长可以说："我知道你现在很难过，你能勇敢地表达出来，这是处理情绪的一个很好的方式。"

√ 非言语肯定。

除了语言，很多时候利用肢体语言传达肯定也有不错的效果，如微笑、点头、拥抱和赞许的目光，这些无声的支持同样具有强大的力量，能够让孩子感受到父母的肯定和关爱。

4.2.4 积极共处时刻

我们常常听到大家说要陪伴孩子，为什么有时候陪了孩子很长时间，效果还是不好呢？我们可能对于陪伴也存在一些认识误区。

× 只是待在一起却各做各的。

这样的陪伴是低质量的，因为你没有与孩子建立起真正情感上的交流，孩子也没有感受到被关注、被重视，也不会得到满足，反而可能在试图和你互动时受挫，于是感到不被关注、不被爱。

× 待在一起时间长就是陪伴。

陪伴孩子的时长并不是积极共处中的关键。有些能够积极关注并有效陪伴孩子的父母，即使身处外地，每天只有一会儿视频或电话的联系，仍能让孩子感受到被父母关注和爱着。然而，有很多父母在孩子身旁，却一直刷视频、玩游戏，孩子多次叫父母、和父母分享事物，父母头都不抬，只是很敷衍地回应，这样的“陪伴”时间再长，也很难让孩子有好的体验。

× 趁机说教、开导孩子。

很多父母会在亲子共处的时刻致力于向孩子传播人生经验或道理，又或是先营造一种和谐的氛围，然后借机提出自己的要求和改进意见，试图影响孩子认同自己并做出改变。家长这样做很显然不是与孩子平等共处，而是认为自己是更权威的存在，从而单方面地规训孩子的行为。这会破坏孩子对亲子共处时光的期待，让孩子产生被压迫、想回避和逃离的感受。

如何实现有效的积极陪伴呢？我们需要把全部的注意力都放在孩子身上，全身心地投入共处的这段时光中，关注孩子的感受和变化，也和孩子分享自己的一些内在情绪和感受。

我们可以用以下方式和孩子共度共处时刻。

√ 共读时光。

家长和孩子共同阅读是一个深度交流和共享感悟的过程。家长可以和孩子一起挑选喜欢的书，选择内容适合孩子这个年龄段，孩子又感兴趣的书籍、绘本、漫画等。可以一起商定共读的时间段，提前营造好阅读的氛围，边读边分享或读后讨论，还可以拓展进行手工制作、角色扮演等活动，体验亲子共读的乐趣。

√ 共同玩耍。

与孩子共同玩耍、游戏是亲子互动的重要方式，如今游戏的类型非常丰富，有益智游戏（数独、拼图等）、户外游戏（捉迷藏、飞盘等）、艺术类游戏（画画、做手工等）、传统游戏（踢毽子、跳皮筋等）等，以及各种体育运动类活动。和孩子一起选择喜欢的活动，在玩耍中开动脑筋、积极探索，共度快乐时光。

√ 共做家务。

家务是每个家庭成员共同的责任，因此，孩子也可以参与到家务的规划、实施和监督中来。根据孩子的能力和喜好商讨任务，如收拾玩具角、整理书柜，共同完成大扫除、维护日常卫生和收纳等。孩子在初期尝试时，可以以协助为主，然后逐步鼓励孩子尝试独立完成，还可以将家务游戏化，让孩子在愉快的氛围中承担责任。

√ 谈论最近的生活和感受。

这里可以运用前面倾听、理解、尊重和耐心等态度，保持平等和开放的讨论方式，分享各自的观点态度；承接孩子的情绪感受，尊重孩子的观点，在聊天中增强彼此的信任和亲密感。

其实积极共处时，最重要的不是“做什么”，而是“怎么做”，彼此都真切地感受到对方的关注，共同度过了一段难忘的亲子快乐时光。

4.2.5 支持性指导

前面提到过，在倾听时，家长不要急于给出建议，但不代表家长不能指导和教育自己的孩子，毕竟孩子作为未成年人，仍旧存在很多幼稚、单纯或极端、有偏差的认知。家长对孩子负有指导、教育的职责，直到孩子进入青春期，变得越来越成熟，家长就可以逐步放手。

家长可以用以下方式为孩子提供一些支持性的指导。

提供温暖的支持力量。

我们常说家是温暖的港湾，这并不是一个抽象的比喻，而是每一次温暖的关怀、帮助、支持能够搭建起真实的温暖空间。当孩子遇到困难、挫折时，我们能够细致地倾听、安抚；当孩子迷茫无助时，我们能提供关怀和帮助，这些都是提供温暖支持的重要时刻，也是孩子感受到并确认自己被父母深深爱着的重要时刻。

建立信任关系。

家长和孩子双方都需要对对方建立信任，这是一种深层的稳固、互信的信念——家长愿意相信自己的孩子整体是向好的、向上的，孩子也愿意相信父母爱自己、会为自己付出。如此的互信会减少很多不必要的猜疑和内心破碎的体验。如果有一方的信任感被破坏，则需要花费更多精力进行重建，必要时还需要专业指导的介入。

▶ 接受孩子糟糕、负面的状态。

孩子总会有情绪糟糕、负面、不懂事的时候。我们能否接受孩子“坏”的一面，也是提供支持力量的重要一环。这里并不是说要纵容孩子变坏，而是我们要意识到，孩子如果有优势，也必然会有劣势，要允许孩子有一些小缺点。

▶ 建设性地指明方向。

有时，孩子并不需要建议，但也有很多时候，孩子其实是心虚、恐惧和迷茫的，并不知道自己该如何做。这时，如果我们有好的解决方法，就可以提供给孩子一个新视角。这并不一定是干预孩子的具体做法，而是提炼出有建设性、有启发性的观点，帮助孩子跳出困境，突破局限。

▶ 提供真实且温和的反馈。

孩子的自我评价体系与标准并不成熟和稳定，时常会出现自我怀疑、摇摆。当孩子询问家长的看法时，我们可以提供一个真实且温和的个人视角的反馈。有些家长可能会夸大地赞扬孩子，也有些家长会过于苛责，挑剔孩子，这些都是不真实的反馈，也会误导孩子自我评价体系和标准的建立。如果真实情况会打击孩子，我们可能为了照顾孩子的感受而委婉地回应，但真实的反馈最能帮助孩子形成客观的自我认识。例如，长相普通的孩子问妈妈自己漂亮吗，妈妈可以回应：你的长相可能不是十分惊艳，但是妈妈觉得你看起来很舒服，可能因为你平时很懂得照顾别人。

长相不能决定一个人的价值。

抓大放小。

家长的指导并不需要事无巨细，尤其是随着孩子年龄的增长，家长更需要在孩子主导的事情上放手，在他们该有能力承担的事情上适时让步。可以多与孩子沟通，了解他们的想法和思路，仅提出自己的担忧和不同意见，逐渐将决策权和实施权还给孩子。

4.2.6 边界设定

在亲子关系中，建立良好的边界既能帮助家长维护自身的身心健康，也能为孩子提供清晰的行为指南。边界可以理解为人与人之间适当的心理和行为界限，它既包含个人空间、情绪界限，也涉及责任和权利的划分。边界的设定并不是僵硬的规则，而是一种灵活、互相尊重的互动方式。家长不仅需要学会维护自己的边界，也需要帮助孩子理解并建立他们的边界。

首先，家长自己要能够建立足够稳定又有弹性的边界。当他人（包括孩子）侵犯到自己的底线时，能够坚定地维护住自己的边界，不被他人侵犯；当他人有困难时，能在自己的底线上灵活地进行调整和适应，不让自己为他人的情绪和行为负责，又能承担起自己边界内的责任。

其次，边界具有流动性和弹性。除了不容侵犯的底线，如对自己所有物的决定权（不允许别人扔掉自己的东西），对自我生命安全和健康的保障（不允许他人打骂自己）等，我们也需要意识到底线之上的边界并不是一成不变的，而会随着自我状态和实际情况有一定变化和调整。

作为家长，我们还需要教导孩子在拓展自己的人际圈时，能够把握恰当的边界，守住自己的底线，又灵活地与他人互动。

我们可以从以下两方面入手，帮助孩子建立边界意识。

▶ 尊重孩子的权利和感受。

家长从小对孩子的养育，就需要尊重孩子的权利和感受，帮助孩子意识到自己应该承担的责任，觉察情绪和感受，表达并维护自我权益。因此家长在与孩子的日常交流和互动中，要足够信任和尊重孩子，让孩子感受到自己的意见和感受被重视。家长可以倾听孩子的想法，给予他们表达自我的机会，并尊重他们的选择。

▶ 明确各自的角色和责任。

在家庭生活中，家长需要明确自己的角色和责任，也要让孩子明白并承担他们的权利和责任。家长可以与孩子一起制定家庭规则，让孩子清楚地知道可以接受和不可接受的行为是什么。家长要注意不包办孩子的生活起居、衣食住行，尤其是在孩子渴望探索、想要掌控自己的某部分权利时，家长可以“退居后方、观察陪伴”，让孩子去探索、试错，自主安排，同时也承担相应后果。

要根据孩子的年龄和发展阶段，逐步引导他们学会独立和自我管理。在孩子成长的过程中，适当给予他们一些自主权，让他们在实践中学会设立和维护自己的边界。

4.2.7 问题解决同盟

前面探讨了亲子关系的建立和日常维护。当我们与孩子建立起彼此信赖的关系，能够时常倾听、提供支持时，就可以在良好的关系之上建立目标一致的问题解决同盟。

建立问题解决同盟大致有以下几个步骤。

确定问题

首先，和孩子共同确定要解决的问题，通过一些实际冲突场景提炼出具体问题。例如，孩子写作业十分磨蹭，一晚上作业进度缓慢。父母可以询问孩子：你是希望快点完成作业后痛快地玩耍，还是愿意继续这样磨蹭一晚上，既没有专心写作业，也没有时间好好玩耍呢？可能孩子自己就会有一个判断了。

分析成因

如果我们和孩子在要解决的问题上达成了一致，确定了统一的目标，我们就可以开始分析背后的原因，一起搜集影响因素，作为制定解决方案的前期准备。回到写作业磨蹭的案例，孩子可能会说自己不喜欢写作业时，房间外有电视的声音；或者说自己容易在答这一题时联想到其他知识点，又去翻书看别的东西，做一道题的时间很久……当我们将这些影响因素记录并罗列出来时，我们就有了一个个解决问题的方案目标了。

共同制定解决方案

这是最为关键的一环，我们需要和孩子共同探讨，制定解决方案。例如，针对走神的问题，看起来很简单，如果我们简单地和孩子说“你要多提醒自己”“多用心”，这对于孩子来说并不能解决问题。解决方案需要有具体可执行的操作步骤，如果能够量化，会更便于检查和评估孩子的进展。

因此，对于上面案例中孩子的走神问题，可以让他多自我强调几次这个行为的目的是什么，减少与主要目标无关的行为；解题时联想到的问题可以先标注出来，作业完成后再看。也可以让孩子先根据自己的水平做不需要翻书的题，全部完成后再来补没做的。不同的解决方案，有不同的步骤，需要根据实际情况来调整，但不变的是解决方案必须明确具体，孩子能操作。

及时反馈

开始实施解决方案，并不代表问题就解决了，还要经过一段时间的尝试、调整和坚持，而及时反馈是一个重要的环节。在改变初期我们尤其要多鼓励，这是在对孩子的积极行为进行正向强化，鼓励孩子多表现好的行为，让孩子也体验到改变后的益处、成就感，逐渐形成自我激励的闭环。

拥抱变化

养育孩子，变化是常态，认识并适应这些变化至关重要。即使方案已经制定，在实施中也需要不断试错和调整。当孩子感到执行起来有困难、改善效果不好时，我们可以和孩子一起记录问题，最好按原计划继续执行一周，感受其中的变化和问题，一周后再次进行讨论和调整。

随着与孩子问题解决同盟的建立和深入，你们也会逐渐形成默契，能对方案进行灵活调整。只要有利于亲子关系融洽和问题解决，都是值得探索的。在积极反馈孩子的同时，也别忘了夸夸自己。

4.3 育儿与自我成长并行

好的育儿经历也是一场自我修行，我们养育孩子的过程，也是一个不断打破固化观念、突破自身局限的旅程。如果我们有意识地培养自己开放性的思维，时时自我评估与反思，并注重自我关怀，就能减少许多育儿中的冲突和痛苦，更加积极主动地与孩子共同学习、共同成长。

4.3.1 开放性思维

开放性思维并非指我们全盘接受所有观点和思想，而是我们在接纳不同于自己认知体系的新观念、新思想、新事物时，抵触和抗拒的程度不会过重，能够突破思维定式和狭隘眼界，多视角、全方位地看待问题。

开放性思维不仅是一种思维方式，更是一种生活态度。拥有开放性思维的人能更好地适应变化，提高自己的综合能力。

▶ 接纳新观点

开放性思维使我们能够主动接纳新的观点和想法，无论是向他人学习、阅读书籍还是通过其他途径，都能吸收新观点。这样不仅能拓宽我们的知识范围，还可以启发我们的创造力和创新能力。

超越偏见和预设

开放性思维要求我们摒弃偏见和预设。只有当我们放下偏见，才能真正理解他人的观点，并从中获得新的见解。这种超越偏见和预设的能力能使我们更客观地看待问题，做出更明智的决策。

4.3.2 自我评估与反思

良好的自我评估不是给自己贴标签、下定义，而是进行动态的评估和调整，不断分析、改变自己，根据实际情况调整自我。这需要我们拥有一套真实稳定的自我评价体系，对很多事情有自己的基础判断和认知。当他人与自己的意见相左，尤其是受到权威人士的质疑时，不会有内在破损感、被侵犯感，而是能够客观地区分他人有误差的偏见、情绪化的攻击与有启发的建议，择其善者而从之，其不善者而改之。

如果我们希望在养育中，也对自己和孩子进行恰当的评估，可以通过以下问题进行思考：

我是否了解孩子内在的需求和想法？

我能否尊重孩子的意见和选择？

我是否与孩子建立了良好的沟通和信任关系？

我现在正在做的事情，对我和孩子有利还是有弊？

我现在做的事情是我想做的吗？与我的意愿相符吗？

我的行为对自己或孩子有帮助吗？

……

通过这些自我提问，与外在现实行为和内在心理感受进行对比，我们就能站在较为客观的视角进行自我评估，避免过于主观和偏颇。

建立在正确的自我评估基础上的反思，是为了解决当前的问题，找到新视角，而不是沉浸在过去错误的做法里，不断体验痛苦或糟糕的情绪感受。后者是一种无效重复，甚至有可能加深固化观念。这也是很多人进行反思的错误方式。

真正的反思是在回顾过往的同时聚焦于未来，重温之前的错误不是为了怪罪自己，而是找到原因后进行调整，关注新的信息、视角、变化，可能还会生发出积极的体验，得到他人的支持等。开放性的思维也有助于我们看到更为多元的可能，在困境中也可能隐藏着转机，之后便是“柳暗花明又一村”。

4.3.3 自我关怀

在养育孩子的过程中，妈妈们往往容易将全部精力倾注在孩子身上，而忽略了自身的需求。然而，只有关怀自己、照顾好自己，才能更好地照顾孩子。良好的自我关怀不仅有助于缓解育儿压力，还能帮助我们以更加稳定、积极的心态面对生活中的各种挑战。

自我关怀、爱自己，这些老生常谈的心理能力，并非每个人都具备。提升自我关怀并不能只依靠满足物质层面的需求，在物质得到一定满足的基础上，还需要关注自我内心，看见并接纳自己当下的样子，同时在自己情绪糟糕时能给予自己安抚和关怀。

健康持久的自我关怀能力包括以下几点。

▶ 能够一定程度上满足自我的需求。

能够依据实际情况，满足自己成长和发展的需要。不奢求自己无法满足的愿望，也不会忽视、压抑、否定自己的正当需要。能够正视并接纳自己的需求、渴望，并结合实际情况，部分满足自己较为看重的内心需求。

▶ 关心自我感受，远离让自己痛苦的人和事。

前文讲解的对于情绪感受的觉察和训练，就是关心自我感受的前提，我们只有能够觉察并意识到自己的情绪感受，才能灵活处理，选择合适的应对方式来调节自我感受。这样，当我们感到心里不舒服，感觉被伤害、被侵犯时，就能够坚定地捍卫自己的感受和边界，远离让自己感到难受的人、事、物。保护和关怀自我感受，是自我关怀中的重要一环。

▶ 看到自己的局限时，能承认和接纳自己。

人无完人，接纳自己也包含了接纳自己的不完美、有局限和有问题的地方，这并不是说躺在自己的缺点、劣势上不思进取，而是允许自己在改善的过程中，仍会有一段时间反复出现有问题的情况。并且，我们要认识到，我们只能不断完善，而无法做到完美无缺。我们需要有足够的内心空间去承认和接纳这部分自我。

坦然面对曾经的过错，能够原谅自己。

自我关怀中很重要的一部分就是能够放下，尤其是放下曾经的错误。我们难免犯错，即使自己已经足够细致用心、深思熟虑，仍然有可能犯错，因此我们需要正确看待曾经的过错。有时我们不敢面对错误，不敢面对自己做错的事。但正视问题是自我原谅的前提，我们可以恰当地进行评估和反思，聚焦于问题解决和未来发展。在反思过程中，如果感到自我体验很糟糕，拥有自我关怀能力的人也能及时暂停，停止对自己的苛责、怪罪，能够给已经感觉糟糕的自己关怀和安抚，不因一部分消极情绪就全盘否定自我。

自我认可和肯定，不会轻易因为外界的评价而动摇。

这也需要建立在正确的自我评价之上。我们拥有一套足够真实稳定的自我评价体系后，对于自己做得好、值得骄傲的部分能够进行自我认可和肯定，而不完全需要他人的夸赞和肯定，也不会因他人的评价而动摇自我评价的根基。

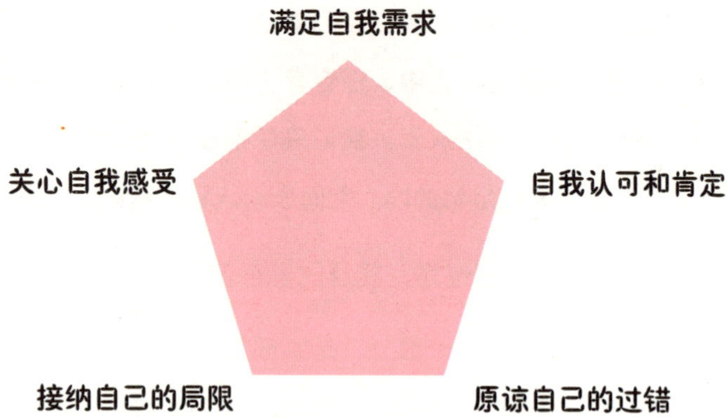

如果你在这五个方面还未达到上文描述的状态，也不必着急，自我关怀能力的提升不是一蹴而就的，你可以从已有的自我关怀能力入手，比如会奖励自己吃美食，会时常享受与人倾诉，或是会采用自己看书、唱歌、发呆等方式，你就可以继续发展这些方面的能力。此外，你还可以提前模拟在糟糕的情境下对自己进行关怀安抚的能力，这也是自我关怀最难启动、但也是需求最迫切的时刻。

你可以想象你在自责懊悔时，什么样的话语能够安抚自己。可以写下来，甚至录音，在难受时放给自己听；也可以在迷茫焦虑时，看到自己对未知的恐惧和不安等复杂多样的情绪。觉察并描述情绪的同时，其实你也在聆听自己内心的声音，看见自己被忽视的需求，真正关心呵护自己。

后记

亲子关系是我们漫漫人生道路上的一个缩影。在成为父母之前，我们已经拥有了一段属于自己的生命历程。而我们的孩子，那个经由我们来到这个世界上的小生命，最初只有我们——父母。还记得孩子第一次叫出“爸爸妈妈”时，你内心的喜悦吗？这不仅是孩子对我们的认可，更是我们肩负的责任。我们就是孩子最初的全世界，也将终身带领着孩子认识这个世界，陪他们走过人生，直到分离。

每个孩子都是独特的，每一对父母子女都有他们独特的互动方式。这本书无法涵盖如此丰富多元的家庭教育方法，只希望尽可能呈现心理学界已有的科学知识，帮助我们理解孩子，理解自己。

家庭教育有其科学体系，但对于普通的父母而言，重要的未必是理论，而是当下我们的感受、孩子的感受，是彼此之间的情感联结。

亲子关系中总会有争执和矛盾。祝愿我们和孩子激烈争吵后依然深深地相爱，为孩子付出的辛劳有一天他们能懂，长久的隔阂后仍能冰释前嫌。祝愿每一对父母子女都能拥有独属于你们的亲密和幸福。